괴물로 변해가는
일본

괴물로 변해가는 일본

이성주 지음

일본은 왜 태평양전쟁을 일으켰을까?

태평양전쟁에 대한 내 첫 기억은 AFKN에서 방영한 한 편의 다큐멘터리였다. 꼬리가 빨갛게 불타오르는 전투기가 항공모함으로 내리꽂히는 장면. 여덟 살짜리 꼬맹이는 전투기 조종사에 빙의해 '얼마나 뜨거울까?'라는 안타까운 마음으로 화면을 뚫어질 듯 바라봤다. 당시의 기억을 더듬어 보면, 아마도 '전투기가 고장 났다'라는 지극히 상식적인 결론을 내린 듯하다.

이후 전쟁사에 대한 관심을 행동으로 옮길 수 있는 나이가 됐을 무렵, 내 기억 속의 불타는 전투기가 가미카제神風였다는 사실을 알게 되었다. 이때의 감상은 '어쩌다 저 지경까지 몰렸을까?' 하는 의문이었다. 이 의문의 근간에는 일본을 바라보는 한국인의 시선이라는 특수성이 어느 정도 배어 있었다. 일본에 대한 학습된 적개감은 폄훼로 이어졌다. 그들의 호전성과 생명을 경시하는 비인도성, 잔학함, 그리고 식민지 조선에 대한 가혹한 수탈까지. 그래서 결론은 '일본은 전쟁에 미친 광신도 집단'이라는 것이었다.

어느 정도 문리가 트이고 전쟁사 너머의 국제정치로 관심이 옮아갔을 때에는 좀 더 농도 짙은 의문이 들었다. 왜, 어째서 일본은 태평양전쟁을 일으킨 것일까? 객관적인 국력의 차이가 보이지 않았던 것일까? 전쟁을 피할 수 있었던 수많은 기회가 존재했음에도 어째서 전쟁으로 달려갔던 것일까? 내 머릿속은 온통 의문으로 가득 찼다.

'전쟁으로 보는 국제정치' 시리즈의 세 번째 책인 《괴물로 변해가는 일본》은 그러한 의문에 대한 나름의 정리이기도 하다. 군사력의 선행지수인 경제력은 물론이고 공업, 과학기술, 산업 잠재력, 인구, 영토, 자원, 심지어 정치 체제와 사회적 내구도 등에서 어느 하나 우위일 게 없었던 일본이 태평양 너머에 있는 미국과의 전쟁을 결심했다는 것은 자살 행위나 다름 없었다.

아니, 미국뿐만이 아니었다. 일본은 그 이전에 이미 중국과 전쟁 상태였다. 1937년 루거우차오盧溝橋 사건으로 시작된 중국과의 전쟁은 일본을 점점 수렁 속으로 밀어 넣고 있었다. 이 와중에 일본은 소련과의 전쟁도 꿈꿨다. 세계에서 가장 영토가 큰 나라, 가장 인구가 많은 나라, 가장 부강한 나라와 차례차례 전쟁을 치르겠다고 덤빈 것이다. 다행히도 삼국 동맹과 뒤이은 독소 불가침 조약, 이어지는 일소 중립 조약으로 소련은 일본의 전쟁 대상에서 제외되었지만 말이다.

이 책은 워싱턴 해군 군축 조약 탈퇴 이후 1941년 12월 진주만 기습 전까지 일본의 행보를 정리했다. 상대적으로 덜 알려져 있는 중국과의 전쟁, 뒤이은 소련과의 충돌을 담았고, 미국이라는 미증유의 강적을 앞에 둔 일본이 어떤 식으로 미국을 바라보고 전쟁을 고민했는지 기술했다. 당시 일본은 모든 외교 역량을 '전쟁'이라는 최후의 카드에 쏟아부었다. 한때 꽤 세련된 외교력을 선보였던 일본은 스스로를 고립시키고 국제

사회와의 단절을 택했다. 안타깝다고 해야 할까, 답답하다고
해야 할까.

    "전쟁은 군인들에게 맡겨놓기에는 너무나 심각한 문제다."

  제1차 세계 대전을 승리로 이끈 프랑스의 총리 조르주 클레
망소Georges Benjamin Clemenceau의 명언을 다시금 떠올리게 되는 순
간이다.

2016년 12월 대전에서

01

전쟁의 씨앗

전쟁 국가 일본의 역사를 바라보면서 늘 가슴에 품었던 의문이 하나 있었다. 일본은 어째서 태평양전쟁을 선택했을까? 한국인이라는 '관계'의 특수성을 걷어내고, 최대한 객관적으로 1930년대의 일본을 바라봤다. 그래도 의문은 가시지 않았다. 아니, 더 증폭됐다. 객관적 지표, 국제정치 상황, 일본의 정치 및 경제 상황, 일본 육군과 해군의 입장, 일본 국민들의 생각(이는 무시해도 상관없을 정도로 미미했지만), 그리고 일본군의 전투력까지…

'미국이 일본을 압박해 태평양전쟁을 일으켰다'는 음모론적 시각도 있다. 지금도 심심찮게 회자되고 학계 일각에서도 이에 대한 연구가 계속 진행되고 있지만 그 가능성은 0에 수렴한다. 본디 음모론이란 것은 결과를 먼저 상정해놓고 그 결과에 맞는 과정들, 즉 입맛에 맞는 과정들을 추렴해 결과에 대입한 것일 따름이다. 따라서 '진주만 폭격은 미국이 제2차 세계대전에 참전하기 위해 일부러 공격을 유도한 것'이라는 주장에 나는 굉장히 회의적이다.

전쟁은 일본의 '판단'에 의해 시작되었다. 그렇다면 전쟁에 이르게 된 원인은 뭘까? 가장 먼저 떠오르는 것이 '경제'다.

대공황
—

1929년 대공황이 발생했다. 미국에서는 아이를 팔겠다는 부모가 등장했고, 월스트리트의 금융인들이 미국 경제의 상징이라 할 수 있는 마천루에서 하루가 멀다 하고 투신했다. 그래도 미국과 영국은 상황이 나은 편이었다.

오늘날 세계 경제를 블록 단위로 나누자면 미국을 포함한 북아메리카, 유럽, 중국으로 나눌 수 있다. 그렇다면 제2차 세계대전 직전의 경제 단위는 어떠할까? 전통의 강호 영국의 스털링 지역Sterling zone과 미국의 달러 지대, 소련의 폐쇄 지대, 독일의 마르크화 지대, 프랑스, 이탈리아, 일본으로 분류할 수 있을

무료 급식소 앞에 줄 서 있는 실업자들(1931년 미국)

것이다.

대공황으로 경제가 붕괴된 상황에서 각국은 저마다의 방식으로 경제 위기를 극복하려 했다. 가장 먼저 선수를 친 건 영국이었다. '스털링 지역'이란 한마디로 대영제국과 영연방의 경제 블록 단위라 보면 된다. "해가 지지 않는 나라"였던 시절 영국은 전 세계에 식민지를 건설했는데, 이들 식민지는 기본적으로 영국의 파운드화를 사용했으며, 고유 통화가 있더라도 영국 파운드에 대해 고정환율제를 채택했다. 오늘날의 EU와 유로화를 생각하면 이해가 빠를 것이다.

1931년 영국은 재빨리 금본위제에서 벗어났다. 금의 족쇄에서 벗어난 영국은 파운드화 평가절하에 들어갔고, 이는 이자율을 낮추고 경제를 '팽창'시키는 동인이 돼주었다. 덕분에 무역수지는 눈에 띄게 개선됐다. 대공황 직후 영국은 금본위제를 고수했던 다른 나라들보다 훨씬 더 빨리 경제를 성장시켰고, 실업자 수를 압도적으로 줄일 수 있었다. 이렇듯 영국이 금본위제를 버릴 수 있었던 데에는 스털링 지역이라는 막강한 배경이 있었다.

미국은 어떠했을까? 미국은 1933년 4월에야 금본위제를 포기했다. 그리고 뉴딜 정책을 시행하고 산업부흥법, 상호무역협정법 등등 경제 입법도 서둘렀지만 미국의 경제 회복은 더 뎠다. 이에 대한 설명은 많지만 우리가 주목해봐야 할 것은 미국이란 나라의 '잠재력'이다. 잠시 경제적으로 힘들다고는 하지만 미국은 일극체제를 유지할 수 있는 힘을 가진 나라였다.

미국의 정반대 위치에 소련이 있었다. 미국이 개방 경제를 통해 경제 위기를 극복하려고 하던 그때, 소련은 미국과 정반대의 정책을 시도했다. 극단적인 '폐쇄'였다. 스탈린은 '제2의 혁명'이라고 불릴 정도로 대대적인 경제 개혁과 성장을 일궈냈는데 그 방법은 아주 간단했다. 러시아의 노동과 자본을 소련의 제조업으로 강제 이동시키는 것이었다. 스탈린은 농업을 집산화하는 대신 (스탈린이 보기에) 남아도는 농부들을 강제로 이주시켜 공장에 넣어버렸다. 그러고는 소련에 남아 있는 거의 모든 자본을 중공업에 투자했다. 결과는 놀라웠다. 소련은 빠른 속도로 공업 경제를 구축했고, 1929~1939년 사이에 소련의 1인당 생산은 61퍼센트나 증가했다.

제1차 세계 대전 패전국인 독일의 경우는 좀 더 드라마틱했다. 대공황 덕분에 독일 국민은 역사에 길이 남을 위대한(?) 지도자를 맞이하게 된다. 바로 아돌프 히틀러다. 대공황 직전인 1928년의 독일 총선에서 히틀러의 나치당은 불과 2.6퍼센트의 지지를 얻었을 뿐이지만, 대공황 직후인 1930년 총선에서는 무려 18.3퍼센트의 지지를 받아 원내 제2당으로 도약했다. 그리고 대공황의 여파가 퍼져나가던 1932년 7월 총선에서 무려 37.4퍼센트라는 지지율을 얻어내 마침내 원내 제1당이 됐다. 경제가 정치를 갉아먹은 것이다.

정권을 잡은 히틀러는 경제 회복에 뛰어들었다. 이미 1931년에 독일은 외환 거래를 통제함으로써 사실상 금본위제를 포기하는 모양새를 취했다. 이를 발판으로 1932년 독일은 팽창적 통화 정책을 시도했다. 효과는 곧 드러났다. 1933년 1월 독

대공황 여파로 정권을 잡은 아돌프 히틀러

일의 경제 지표는 긍정적 신호를 보내기 시작했다. 생산과 고용이 늘어났고, 히틀러는 내부지향적인 경제 정책을 펼쳤다. 의도적으로 '국내의 생산 팽창'을 시도한 것이다. 당연히 외환은 통제됐다. 그사이 히틀러는 아우토반을 닦았고 국민차를 만들었다. 소비 증가와 이를 통한 실업 감소를 추구하여 경제 지표는 하루가 다르게 개선됐고, 너무도 자연스럽게 '전시 경제 체제'로 변해갔다. 1932~1938년 동안 독일의 1인당 실질 GDP 성장률은 연 6.6퍼센트에 달했다. 역시 경제 위기에는 전쟁만 한 것이 없는 걸까?

이탈리아 역시 이를 증명했다. 당시 이탈리아는 끝까지 금본위제를 고수하려고 했다. 이유는 간단한데, 당시 이탈리아의 지도자였던 무솔리니의 리라화에 대한 '긍지' 때문이었다. 위대한 로마로의 귀환을 원했던 무솔리니에게 금 블록 잔류는 자존심의 문제였다. 그러나 대공황의 여파를 자존심만으로 극복할 수는 없었다. 결국 그는 히틀러의 정책을 따라갈 수밖에 없었다. 자본 이동을 통제하기 시작한 것이다. 결정타는 바로 아비시니아Abyssinia 침공이었다. 그로 인해 이탈리아 경제는 기운을 차리게 됐다.

그렇다면 일본은 어떻게 대공황을 극복했을까? 일본은 수출로 먹고사는 나라였다. 즉, 외부 변화 요인에 민감할 수밖에 없는 나라였다. 미국이 재채기를 하면 일본은 감기에 걸리는 상황. 그런데 대공황은 재채기 정도가 아니라 '홍역'이었다. 일본 역시 1932년 금본위제에서 뛰쳐나와 엔화에 대한 평가절하에 들어갔다. 여기까지만 보면 영국의 행보를 쫓아가는 것만 같았다. 평가절하 된 통화의 '힘'을 가지고 국내에 투자하고 이를 기반으로 경제 위기를 극복할 듯 보였다.

그러나 일본은 영국 대신 독일의 길을 선택했다. 당시 일본은 자국 통화 평가절하의 힘을 가지고 수출을 유도하는 동시에 군비 팽창에 열을 올렸다. 대공황 시기 일본은 평가절하의 힘을 군사 목적의 국내 수요 창출에 밀어 넣었고, 그 결과 괄목할 만한 공업 성장을 일궈냈다. 이미 1930년대에 일본은 전시 경제 체제에 들어섰던 것이다. 아니, 메이지 유신 이후로 일본은 전시 경제 체제에서 벗어난 적이 없었다고 보는 편이 옳을 것이다. 여기서 특기할 점은 1930년대에 일본이 대공황에서 벗어나기 위해 내린 선택이 향후 태평양전쟁에서 일본이 4년간 버틸 수 있었던 원동력이 돼주었다는 것이다.

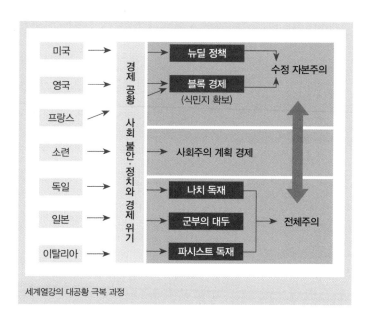

세계열강의 대공황 극복 과정

그럼에도 불구하고

——

1941년 4월 1일. 평균 연령 33세의 일본에서 가장 우수한 인재 35명이 내각 총리대신 산하의 모 기관으로 모여들었다. 그들은 당시 일본이 배출할 수 있는 최고의 인재들이었다. 조선총독부 식산국 소속 히카사 히로타카, 북지나방면군 특무기관 소속 나리타 겐이치, 외무성 소속 지바 아키라, 내무성 지방국 사무관 요시오카 게이이치, 육군 대위 시라이 마쓰타쓰, 육군 회계관 소령 오카무라 슌, 해군 소령 시무라 다다시, 해군 기관 소령 다케이치 요시오 등등.

일본 육군과 해군, 내무성, 재무성, 상공성 등등 행정 기관은 물론이고 중의원에서도 인원을 보냈다. 국가 기관뿐 아니라 금융권과 언론사에서도 인력을 파견해야 했다. 심지어 기업에서도 인력을 보내야 했다(미쓰비시 광업, 일본 제철의 인원도 파견됐다). 조선총독부와 만주에 있는 인원도 예외는 아니었다. 일본 본토에서는 고등학교 교사까지 차출됐다. 이들은 당시 일본에서 가장 촉망받는 엘리트들이었다.

이들이 파견된 기관의 정식 명칭은 내각 총리대신 산하 '총력전 연구소'였다. 당시 일본 언론은 총력전 연구소를 어떻게

일본에서 가장 촉망받는 엘리트로 구성된 총력전 연구소

바라보았을까?

　"총력전에 대한 종합적인 연구 조사를 목적으로 지난해 10월에 탄생한 총력전 연구소는 국가의 기둥이 될 인물을 양성하는 것이 사명이라는 점에서 '장관 양성 학교'라 불리고 있다. … 군관민 각각에서 "인격, 신체, 지능이 탁월하며 장래 지도자가 될 만한 자질을 가진 인재" 36명에 대한 전형을 진행하고 있다. 이외에도 연구생의 자격은 무관의 경우에는 육해군대학교를 졸업한 대위 또는 소령, 문관은 고등관 4등 또는 5등이며, 각각 임관 5년 이상 경과되어야 한다는 조건이 붙어 있다. 민간 분야에서는 이러한 문무관에 해당하는 직업 경력을 가진 인재 6명을 선발하게 된다."

– 《도쿄니치니치 신문東京日日新聞》 1941년 3월 28일

이렇게 모아놓은 인재들은 뭘 했을까? 미래의 장관 후보자라서 교육을 받았을까? 아니다. 그들은 일본 내각을 꾸렸다. 그리고 책상 위에서 전쟁을 벌였다.

1941년 여름, 일본이 가지고 있는 자원과 군사력, 국가 역량 등을 모두 계산해 종합적인 일본의 국력을 상정해놓고 가상 적국과 전쟁을 치른 것이다. 당시 일본은 초조했다. 루거우차오 사건으로 중일전쟁에 돌입하긴 했지만, 근대전에 대한 불안감을 씻을 수 없었다. 게다가 조만간 중국과는 비교도 되지 않는 미국과의 일전을 염두에 두고 있는 상황이었다. 일본은 자신들이 배출한 최고의 젊은 인재들을 한자리에 모아놓고 시뮬레이션을 돌린 것이다.

젊음의 혁신성과 창의성, 기존의 통념에 물들지 않은 개혁성, 혈기를 억누를 적절한 사회 경험, 그리고 각자의 조직에서 습득한 전문 지식. 이 모든 것을 고려해 선발한 인원이 총력전연구소 연구원들이었다. 이들은 쇼와 16년(1941년) 여름 내내

미국과 일본의 전쟁을 시뮬레이션 했다. 그 결과는 너무도 간단했다. 바로 일본의 패배.

그들은 각자 자기 분야의 전문 지식을 총동원해 저마다 보고서와 논문을 냈고, 이들을 서로 비교 검토하며 일본의 현실을 직시하기 시작했다.

"1939년 후반부터 광공업 부문의 둔화, 정체가 계속되고 있는 원인은 우선 원료 부족과 노동력에 있다. 더구나 여름철 물 부족에 따른 전력 기근과 연료인 석탄 부족, 특히 더욱 큰 타격을 가한 1940년 9월 미국의 철강, 고철 등의 대일 수출 금지 선언, 이런 것들이 처음 책정한 계획 실행에 중대한 차질을 초래하게 된다."

육군 회계관 출신인 오카무라 슌 소령이 쓴 글이다. 그는 "해는 지고 갈 길은 먼 느낌"이라며 일본의 전쟁 수행이 어려울 것이라고 탄식했다.

민간 전문가의 비판은 더 예리하고 날카로웠다. 물가국 사무관으로 근무하다 차출된 다마키 게이조는 다음과 같이 말했다.

"대동아 공영권 내, 즉 인도네시아 해역과 동지나해를 세토 내해瀬戸內海와 같이 자유롭게 운행할 수 있다고 생각하는 것은 오산이다."

일본우편기선에서 파견된 마에다 가쓰지의 분석은 좀 더 신랄했다.

"1941년 일본의 선박 보유량은 300만 톤이다. 작은 어선은 집어넣지 않았고, 100톤 이상의 물자 동원에 활용할 수 있는 선박만을 계산했다. 그런데 유조선은 1퍼센트밖에 되지 않으며, 나머지는 석유를 드럼통에 넣어서 선적할 수밖에 없다. 전쟁이 시작되면 상업용 선박 대열은 침몰된다. 문제는 선박 소모량을 어떻게 예상하는가에 있다."

마에다 가쓰지는 시애틀, 런던 주재원을 역임한 해외파였다. 그는 런던 주재 당시 독일의 공습을 체험했고, 유보트에 의해 영국 상선이 침몰되는 것을 확인했다. 그는 일본이 섬나라란 사실을 강조했으며, 현대의 잠수함과 항공기가 어떤 식으로 국가의 생명줄을 끊는지 너무도 잘 알고 있었다. 실제로 태평양전쟁 당시 일본은 미국 잠수함의 어뢰 공격, 기뢰 살포에 대부분의 상선이 격침당했고, 전쟁 수행 능력은 끝없이 추락했다(이때의 경험 덕분인지 일본 해상자위대는 기뢰 소해 능력 확보에 열을 올렸고, 소해 능력에 있어서만은 세계 최고의 능력을 보유하게 되었다).

1941년 8월 27일과 28일 총력전 연구소의 엘리트들은 총리 대신 관저의 대형 홀에서 모의 전쟁을 시작했다. 그리고 결론을 내렸다. "미국, 영국을 상대로 한 전쟁은 반드시 패할 것이다. 이 전쟁은 국력이 허하는 바가 아니라는 견해가 유력하다."

이 자리에는 훗날 태평양전쟁을 진두지휘하게 되는 도조 히데키東条英機도 참석했다. 그는 연구원들의 의견을 듣고 나서 다음과 같이 말했다.

"연구에 대한 제군의 노고가 크지만 이것은 어디까지나 책상에서 이루어진 연습으로서 실제 전쟁이라는 것은 제군들이 생각하고 있는 것과는 다릅니다. 러일전쟁에서 우리 대일본제국은 이길 수 있을 거라 생각하지 않았지요. 하지만 이겼습니다. 그 당시에도 열강에 의한 삼국 간섭으로 어쩔 수 없이 일어선 것이지 이길 수 있는 전쟁이라고 생각해서 시작한 것은 아니었습니다. 전쟁은 계획대로 되지 않지요. 생각 밖의 일이 승리로 연결되어 갑니다. 따라서 제군이 생각하는 것은 탁상공론이라고까지는 할 수 없지만 어디까지나 그 의외성이라는 요소를 고려한 것은 아닙니다. 또한 이 책상 연습의 결과를 제군은 경솔하게 입 밖으로 내서는 안 됩니다."

1941년 8월 28일, 일본은 4년 후의 결과를 정확히 예측했지만 그 예측을 거부했다.

02

광기의 시작

"어떤 나라에게나 양보도 타협도 할 수 없는 사활적 문제가 있는데, 일본에게는 바로 만주 문제가 일본인의 생사가 달려 있는 도저히 양보할 수 없는 문제다."

　1933년 2월 24일 일본의 전권 대표였던 마쓰오카 요스케松岡洋右는 이 말을 남기고 국제연맹 회의장을 박차고 나왔다. 태평양전쟁, 아니 제2차 세계 대전의 시작이었다.

　일본의 국제연맹 탈퇴 이후 이탈리아와 독일이 연달아 국제연맹을 탈퇴했고, 국제연맹은 유명무실해졌다. 국제연맹 회원국들은 일본을 비난하며 날 선 비판을 했지만 거기까지였다. 어떤 실효성 있는 제재 조치를 내릴 수 없었기에 구호로 끝났을 뿐이다. 세계는 일본을 통해 국제연맹이 얼마나 무력한지 확인하게 됐고, 이는 곧 국제연맹의 붕괴로 이어졌다. 태생부터가 반쪽이었던 국제연맹은 결국 그 생명이 다할 수밖에 없었다.

그런데 이 대목에서 '어째서 세계열강이 일본의 돌출 행동을 용인했는가?' 하는 의문이 든다. 국제연맹이야 허울뿐인 조직이라지만, 전통의 강호 영국과 신흥 강자 미국이 있었다. 제1차 세계 대전으로 힘이 빠졌지만 국제 사회에서는 제법 헛기침을 하던 프랑스도 있었다. 그러나 그 누구도 나서지 않았다. 당시 세계는 대공황의 여파로 몸살을 앓고 있었기에 자국 내 문제를 해결하기에도 바빴다. 일본은 그렇게 공공의 적이 됐다. 그동안의 일본은 돌출 행동을 하는 말 안 듣는 사춘기 소년이었다면, 이제는 본격적인 '패륜아'의 모습으로 각인된 것이다.

여기에는 일본과 일본을 바라보는 나라들 간의 '감정적 요인'도 작용했다. 당시 일본은 '원숭이' 취급을 받고 있었다. 키 작은 동양인, 개항 이후 미친 듯이 서양 문물을 흉내 내 베끼기 바쁜 존재라는 인종주의적 편견이 있었던 것이다. 일본 역시 이런 시선을 알고 있었기에 '인종주의 철폐'를 외쳤다. 러시아를 이기고 조선을 합병했어도 세계는 일본을 '원숭이'로

제2차 세계 대전이 끝날 때까지 일본은
원숭이 취급을 받았다.

보았다.

　일본으로서는 불편한 시선이었다. 탈아입구脫亞入歐를 외치
며 서양을 좇았고 그 덕에 힘을 기르고 그 힘을 증명해 보였지
만 그들은 어디까지나 '동양인'이었다. 지금도 인종 차별의 잔
재가 남아 있지만, 당시에 이는 하나의 '학문'이자 거스를 수
없는 '진리'였다.

　다윈이 《종의 기원》을 출간하자 유럽 사회는 충격에 휩싸였
다. 인간이 신의 피조물이 아니라 원숭이를 조상으로 하는 유
인원이라는 사실, 즉 인간이 더 이상 특별한 존재가 아니라는

사실 때문이었다. 그러나 이런 자연과학을 사회과학 쪽으로 차용하려는 움직임이 있었다. 바로 사회적 다위니즘이다.

18~19세기는 제국주의의 시대였다. 근대 과학과 산업혁명의 힘을 획득한 서구 열강은 너도 나도 식민지 확보에 열을 올렸다. 문제는 그 명분이었다. 기독교적 관점에서 약자를 수탈하는 그들의 행동은 스스로가 보기에도 민망한 구석이 있었다. 이때 나온 것이 다위니즘의 사회적 해석이었다. "적자생존이다. 강자가 된 유럽의 백인은 우등한 인종임이 증명됐다. 우월한 인종인 백인이 열등 인종인 황인과 흑인을 지배하고 이들을 교화하는 것은 사회적 책무다."

이처럼 《종의 기원》은 자연과학뿐 아니라 사회과학적으로도 인류사에 큰 족적을 남겼다. 문제는 일본이 이런 사회적 다위니즘의 기준에서 예외적인 돌연변이라는 점이다. 동양인 주제에 산업혁명을 일으키고 근대의 힘을 획득해 서구 열강의 대표 주자였던 러시아를 이겼다. 러일전쟁의 승리에 아시아 국가의 지도자들이 열광했던 이유가 바로 여기에 있었다.

일본 역시 자신의 위치에 대해 고민하기 시작했다. 아시아를 떠나 서양의 세계로 뛰어들려고 아무리 애써도 근본적인 문제를 해결할 수는 없었다. 후쿠자와 유키치福澤諭吉가 내세운 탈아입구의 논리가 근대화에는 통했을지 모르지만, 그들만의 리그인 국제 사회에서는 통하지 않았다.

일본은 피해의식이 있었다. 물론 그 피해의식의 상당 부분은 스스로 자초한 것이지만, 어쨌든 일본은 자신의 길을 찾으려 했다. 아니, 찾을 수밖에 없는 상황으로 돌렸다. 서구가 주축이 된 국제연맹과 국제정치 무대에서 일본은 언제나 혼자였고, 경제적·군사적으로 괄목할 만한 성장을 이뤘지만 언제나 졸부 취급을 받을 수밖에 없었다. "그대들이 지난 세기 수많은 식민지를 확보하고 전쟁을 일으킨 것은 온당한 것이고, 일본이 제국주의 열강에 올라서는 건 어째서 반대하는 것인가?" 일본은 항변했지만 이는 당연한 일이었다. 독점적 이권이 보장돼 있는 '그들만의 리그'에 들어가기 위해서는 상당한 대가를 치러야 하고 텃세도 감내해야 하기 마련이다. 게다가 일본은 열등 인종으로 분류되던 동양인이었다.

그렇다고 일본이 잘했다는 것은 아니다. 만주사변 이후로 태평양전쟁까지 일본에게는 전쟁을 피할 수 있는 수많은 기회가 있었다. 전쟁이 아닌 평화적인 방법으로 일본이란 나라를 발전시킬 수 있었고, 국제 사회에서 인정받을 수 있는 방법들이 있었다. 그러나 일본은 전쟁을 택했다. 국제 사회의 '왕따'가 된 것은 어쩌면 일본 스스로 자초한 일인지도 모른다.

대동아 공영권의 탄생

———

이렇듯 국제 사회, 아니 서구 열강으로부터 독립을 선언한 일본은 그들만의 새로운 논리를 들고 나왔다. "서양 중심의 국제 질서에 언제까지 끌려 다닐 수는 없다. 아시아로 회귀해야 한다." 이른바 범아시아주의Pan-Asianism, 흥아론興亞論의 재평가였다. 19세기 말, 20세기 초 아시아 각국에서도 일정 수준 이상의 호응을 얻은(김옥균도 여기에 포함된다) 이 이론은 일본 단독으로 서구에 대항하는 것은 무리이므로 중국, 조선과 연대해 서양 세력에 대항하자는 것이 주요 골자였다. 후쿠자와 유키치가 주창한 탈아론의 대항마라 생각하면 이해가 빠를 것이다.

이 흥아론이 탈아론과 야합해 내놓은 자식이 그 유명한 '대동아 공영권'이다. 그리고 이 대동아 공영권을 떠받들던 사상이 지금도 두고두고 회자되는 팔굉일우八紘一宇다. 팔굉일우는

고노에 후미마로

《일본서기日本書紀》에 나오는 사상으로, 여기서 팔굉八紘은 팔방
의 세계, 즉 전 세계를 뜻한다. 일우一宇는 하나의 집이란 뜻이
다. 이를 합치면 '전 세계는 하나의 집'이라는 나름 좋은 말인
듯하지만, 여기에 주어를 넣으면 전혀 다른 뜻이 된다. 바로
'천황'이다.

고노에 후미마로近衛文麿 총리는 1940년 시정 방침 연설에서
"황국의 국시는 팔굉을 일우하는 국가의 정신에 근거한다"고
선언했다. '천황을 위해 전 세계를 하나의 집으로 만들자', 즉
'천황을 위해 세계 정복을 하자'는 뜻이다. 동시대의 히틀러와

쌍벽을 이루는 원대한 포부다. 이는 단순한 선언이 아니었다. 같은 해 7월 고노에 후미마로 내각은 "황국을 핵심으로 일본, 중국, 만주를 강고히 결합하는 대동아의 신질서를 건설한다"는 기본 국책 요강을 정립했다. 이 얼마나 위험한 생각인가?

팔굉일우 사상을 풀어보면 팔굉, 즉 전 세계의 중심은 천황이고, 천황이 사는 일본이다. 그렇기에 일본 신민은 다른 나라 사람들보다 우월하다. 즉, 원래 세상은 천황과 천황이 사는 일본을 중심으로 돌아가는 것이다. 그러나 미국과 영국 같은 서구권이 이 세상의 질서를 어지럽히고 있다. 고로 일본은 서구 제국주의 침략에 맞서 아시아를 구원해내야 하는 책무가 있다. 그리고 이러한 논리는 '아시아 국가들은 일본의 질서 회복 노력에 감사해야 한다'라는 황당한 결론으로까지 나아간다.

일본이 내세운 전쟁 논리는 그렇게 시작되었다. 생각이 사상을 만들고, 사상이 신념을 만들며, 신념은 광기를 만들어낸다. 1933년 국제연맹 탈퇴 이후 일본은 잘못된 사상을 만들어냈다. 문제는 이 잘못된 사상이 일본의 수뇌부에서 시작됐다는 것이다.

"제국의 지도하에 일본, 만주, 지나(중국) 3국의 제휴 공조

를 통해 동양의 항구적 평화와 나아가 세계 평화 증진에 공
헌한다."

1933년 10월 수상(총리), 외상, 대장상, 육군상, 해군상의
5상相 회의에서 나온 방침이다. 일본의 총리, 외무장관, 경제
장관, 육군장관, 해군장관이 일본의 '파시즘'을 국가 정책으로
내놓은 것이다. 세계로부터 왕따를 당한 일본이 아시아에서
왕이 되겠다고 선언한 것이다(그들이 말한 제휴가 평등을 의미하
는 게 아니라는 것은 역사가 증명하고 있지 않은가?).

일본의 행보는 바빠졌다. "동아시아 문제는 서구 열강의 입
장 및 사명과 다를 수 있다." 5상 회의 이후 반년이 지난 1934년
4월 17일 일본 외무성이 내놓은 성명이다. 이는 동아시아에
대한 서구 열강의 개입과 간섭을 배제한다는 선언이었다. 국
제 사회는 즉각 반응했다. "이는 아시아의 먼로주의다!"

먼로주의. 미국의 5대 대통령 제임스 먼로James Monroe가 주
창한 이 외교 정책은 한마디로 신세계(미국 등 아메리카 대륙)는
유럽 국가들의 간섭을 허용하지 않을 것이며, 동시에 미국 역
시 유럽의 기존 식민지나 정부에 간섭하지 않겠다는 의지를
천명한 것이다. 당시의 기준으로 먼로주의는 탁월한 선택이

제임스 먼로

었다. 신생 국가로서 미국은 대외 정책에 힘을 쏟을 수 없는 상황이었으며, 복잡다단한 유럽의 정치 상황에 섣불리 개입했다가는 국가의 운명이 뒤바뀔 수도 있기 때문이었다. 그리하여 미국은 고립주의 노선을 선택했다. 당시 미국인들은 이 먼로주의가 200여 년간 지속되리라고는 상상도 못 했을 것이다. 미국 외교 사상 가장 길게 지속된 외교 정책이 먼로주의였다. 이렇게 보면 국제정치학적으로 좋은 영향을 끼친 것처럼 보이지만, 먼로주의는 미국이 중남미의 외교적 사안에 끼어드는 빌미가 되었고, 현재까지도 남아메리카 문제에 간섭하는 문화적·역사적 토대가 되고 있다.

그런데 이제 일본이 그 길을 걸으려 하는 것이다. 재미난 사실은 먼로주의를 주창했고, 제임스 먼로 이래로 고립주의를 고수했던 미국이 이에 가장 격렬하게 반발했다는 것이다. 러일전쟁 전후로 미국은 만주와 중국에 계속 눈독을 들여왔다. 그런데 일본이 먼로주의를 흉내 내며 미국의 진출을 막아서려 한 것이다. 미국으로서는 반발할 수밖에 없었다. 내가 하면 로맨스지만 남이 하면 불륜이 되는 것이다.

03

도조 히데키
그리고 또 하나의 괴물

흥아론, 팔굉일우, 대동아 공영권. 국제연맹을 탈퇴
한 일본은 서양을 좇아 국제 사회의 일원이 되겠다는 기존의
전략 대신 아시아를 규합해 서구 제국주의와 싸우겠다는 논리
를 들고 나왔다. 이제 일본은 전 세계의 '문제아'가 될 수밖에
없었다. 당장 미국의 눈초리가 달라졌다. 국제 정세는 하루가
다르게 험악해져 갔고, 일본은 자신이 내뱉은 말을 행동으로
옮기려 했다. 그것은 '전쟁'이었다. 일본은 국제연맹 탈퇴 이
후 본격적으로 전쟁 준비에 돌입했다. 해군은 일본에 압박을
가하는 미국과의 전쟁에 대비해 1934년 런던 군축 조약을 파
기하고 세계 최대 전함인 야마토 시리즈 건조에 착수했다.

일본 해군이 이렇듯 미국과의 전쟁을 염두에 두고 전력 확
충에 들어갔을 때 일본 육군은 '중국 침략'의 포석을 놓기 시

작했다. 1935년 일본 육군은 만주국의 군사적 안정을 위해 중국에 몇 가지 요구 사항을 건넸다. "만주에서의 평화를 위해 중국과는 상호 이해 아래 서로 간의 입장 차를 좁혀가는 것이 중요하다. 그러기 위한 우리의 최소한의 요구 사항이다." 그런데 그 요구 사항이란 것이 주권 국가로서는 도저히 받아들일 수 없는 것들이었다. 몇 가지만 살펴보자.

- 만리장성 이남 지역의 비무장화: 베르사유 조약에서 라인란트 지역에 독일군 주둔을 금지한 조항을 생각하면 이해가 빠를 것이다. 중국이란 주권 국가의 영토에 만주라는 괴뢰 정부를 만든 것으로 모자라 만리장성 이남 지역을 비무장화해 서로 간의 '평화'를 찾자는 것이다. 이는 명백한 주권 침해였다.
- 반일 운동의 금지: 적반하장이라고 할 수 있겠다. 자신들이 침략해 멀쩡한 중국 영토에 괴뢰 정부를 만들어놓고는 자신들에 대한 반대 운동을 금지하라고 요구한 것이다.
- 중앙정부로부터의 독립: 1935년 11월 일본 육군은 허베이河北 지역에 퉁저우通州를 수도로 하는 지둥방공자치정부冀東防共自治政府를 세웠다. 만주국에 이어 또 다른 괴뢰국을

세운 것이다. 당시 허베이 지역의 중국 22군 관리자였던 인루겅殷汝耕이 자신의 담당 지역을 뚝 떼어 자치정부를 세워 중화민국으로부터 독립(?)했다. 독립 이후 즉시 일본과 경제·군사 조약을 맺은 사실만 봐도 그것이 괴뢰 국가였음을 알 수 있다. 당시 중국과 일본은 만주의 안정을 위해 탕구 평화 협정을 맺은 상태였다. 일본은 자신들이 세운 만주국과 중국 사이에 완충 지대를 만들어 만주국의 군사적 안정을 유지하려 했는데, 아예 괴뢰 정부를 하나 더 만들어버린 결과가 돼버렸다.

이 대목에서 궁금한 것이 중국의 장제스蔣介石는 어째서 일

지둥방공자치정부 청사

장제스

본의 침략을 용인했느냐는 것이다. 이유는 간단하다. 중국은 일본을 막을 힘도 의지도 없었다. 만주사변이 일어났다는 보고를 받자마자 당시 중화민국의 최고 지도자였던 장제스는 급히 봉천의 장쉐량張學良에게 '부저항不抵抗 전술'을 명했다. 한마디로 일본군에 저항하지 말고 동북군東北軍을 철수하라는 명령이었다. 당시 국민당 정부는 중화민국의 합법적 정부를 자처했지만, 그 통치권이 미치는 곳은 장강長江(양쯔강) 하류 지역이 고작이었다. 난징南京을 수도로 했다는 것만 봐도 당시 국민당 정부의 한계를 짐작할 수 있을 것이다.

물론 그렇다고 장제스와 국민당 정부군이 손 놓고 앉아 있었던 것은 아니다. 중일전쟁 발발 전 장제스는 일본과의 전쟁을 예상하고 그에 대비하고 있었다. 당시 장제스는 장비, 훈련, 편제에서 뒤떨어진 중국군을 개혁해야 한다고 생각해 독일군의 장비로 독일식 훈련을 받고, 독일식 사단 편제로 구성된 부대를 만들려고 했으며, 실제로 이를 행동에 옮겼다(프로이센 이래로 독일 병정의 실력과 이미지는 전 세계에 정평이 나 있었다).

그렇게 만들어진 부대가 '독일식 사단德械師'이었다. 독일군이 쓰는 장비를 들고 독일식 훈련을 받은 병사를 독일식 편제로 묶은 부대. 사람만 중국인일 뿐 독일군의 그것을 100퍼센트 그대로 받아들인 부대였다. 보통 중일전쟁, 국공내전 당시의 국민당군은 오합지졸로 기억되지만("당나라 군대") 이 독일식 사단은 달랐다.

1937년 7월 7일 루거우차오 사건을 일으킨 일본은 전면전을 선포하고 7월이 끝나기 전에 베이징과 톈진天津을 손쉽게 함락했으며, 8월에는 당시 중국 최대 도시였던 상하이를 공격했다('제2차 상하이사변' 혹은 '상하이 전투'라 불린다). 이때까지만 하더라도 일본군 수뇌부는 "중국 대륙을 3개월 안에 완전히 장악하겠다"며 한껏 고무됐지만, 상하이 전투에서 전혀 다른 중국군을 만나게 되었다. 바로 독일식 장비를 갖추고 독일식 훈련을 받은 88사단이었다.

88사단은 3개월 안에 중국 대륙을 장악하겠다던 일본군을 상하이에서 3개월 동안 막아냈다. 8월에 시작된 전투는 11월이 돼서야 겨우 승패의 향방을 결정지을 수 있었다. 상하이에 상륙한 일본군 앞에는 88사단이 건설한 벙커 밭이 기다리고 있었고, 벙커와 참호선을 베개 삼아 88사단은 착실하게 일본군을 섬멸해나갔다. 88사단의 분전은 일선의 일본군 병사들뿐 아니라 일본군 수뇌부에 엄청난 충격과 굴욕감을 안겨 줬다. 총 한 방만 쏘면 모래알처럼 흩어지던 당나라 군대가 아니라 '진짜 중국군'을 상대로 한 최초의 전투에서 일본군은 약 8만 명의 사상자를 내야 했다.

상하이 전투의 중국군

물론 중국군 사상자 수는 일본군 사상자 수의 두 배나 됐지만, 개돼지 취급했던 중국군이 압도적인 장비 차이에도 불구하고(탱크는 300 대 16, 항공기는 500 대 200의 차이였다) 그만한 사상자를 냈다는 것은 충격 그 자체였다. 그리고 이 분노와 굴욕감은 훗날 난징 대학살의 원인이 되었다.

장제스가 심혈을 기울여 만든 독일식 사단은 중일전쟁 발발 직전 겨우 8개뿐이었다. 당시 장제스는 이런 독일식 사단이 60개는 있어야 일본과 전쟁을 해볼 만하다고 판단했고, 그러기 위해 군비 확충을 고민했다. 이 금쪽같은 부대(장제스는 이들을 자신의 직속 부대로 편제했다)는 그 이름값을 했고, 그 덕분에 일본군은 점점 늪으로 빠져들었다.

여기서 한 가지 짚고 넘어가야 할 것이 있는데, 바로 중일전쟁의 실체적 진실에 관한 부분이다. 우리는 중일전쟁을 "부패한 국민당 정부가 일본군에게 패배하는 사이 마오쩌둥毛澤東이 이끄는 팔로군八路軍이 끈질기게 일본군을 물어뜯은 전쟁"이라고 기억하고 있다. 실제로 중국 공산당은 팔로군이 일본군의 90퍼센트를 상대했다고 선전한다. 그러나 그 진실은 얼마 전 있었던 '중국 인민 항일전쟁 승리 70주년 기념 열병식'에서 확인할 수 있다. 당시 중국은 타이완에 있는 국민당군 참전 용사들을 데려와 열병식에 참석시켰다. 이는 국공합작의 역사를 인정하고 대승적 차원에서 이들을 초청한 것이 아니라 실제 역사를 중국 공산당이 인정한 것이다.

중일전쟁 발발 직후 마오쩌둥은 공산당 고위 간부들을 소집해 향후 전쟁에 관한 방침을 정하는 비밀회의를 개최했는데 이때 결정된 전략은 "일본과의 항쟁은 우리 당이 발전할 수 있는 절호의 기회다. 우리는 70퍼센트를 역량 확대에, 20퍼센트를 국민당과의 투쟁에, 10퍼센트를 일본과의 투쟁에 사용해야 한다"는 것이었다. 중일전쟁을 온몸으로 받아낸 건 중국 공산당이 아니라 국민당이었다. 8년 1개월의 전쟁 기간 동안 국민당군은 321만 명의 사상자를 냈고(그 두 배라는 설도 있다) 장성급 지휘관 206명을 잃어야 했다. 그사이 중국 공산당은 일본군과의 교전을 회피하며 그 세력을 확대해나갔다.

한 가지 덧붙이자면, 제2차 세계 대전 당시 중국의 역할을 과소평가하는 경향이 있는데 이는 명백한 잘못이다. 일본은 한때 중국 전선에만 80만 병력을 배치해야 했고, 100만 이상의 병력이 맞붙은 전투도 수차례였다. 중국 측에서만 민간인을 포함해 약 2000만의 사상자가 났고, 일본군도 100만이 넘게 전사했으며 부상자도 110만 명이 넘었다. 만약 이 병력이 중국이 아니라 미국이나 소련 같은 다른 연합국 전선으로 향했다면 그들이 겪었을 피해는 더 컸을 것이다.

괴물로 변해가는 일본
—

1929년 10월 미국에서 불어닥친 대공황의 여파는 일본 경제를 얼어붙게 만들었다. 이때 일본이 생각해낸 탈출구는 '만주'였다. 완전한 전쟁 경제로의 이행이었다. 당시 일본은 꽤 심각했다. 경제 위기는 곧 사회 불안으로 이어졌고, 천황제가 흔들리기 시작했다. 이미 한차례 다이쇼 데모크라시의 홍역을 겪은 일본 수뇌부는 흔들리는 일본을 좌시할 수 없었다. 그때 눈에 들어온 것이 만주였다. 일본은 만주사변을 통해 정치적 위기를 극복하고, 일본 국민을 전시 동원 체제로 몰아넣어 사회를 통제하고 싶었다. 그 결과로 나온 것이 헌병의 통제하에 일본을 통치하는 켄페이憲兵 통치였다. 일본은 헌병과 고등경찰, 특별고등경찰과 같은 정치 경찰들을 경쟁시키며 일본을 전쟁으로 몰아갔다.

솔직히 말해 특별고등경찰이나 고등경찰이 헌병대와 경쟁

을 했다는 것은 헌병대에게 실례가 되는 말이다. 당시 일본 헌병은 헌병 본연의 역할에 더해 방첩기관과 정치 경찰로서의 역할도 수행했다. 일본 헌병은 독일의 국방부 산하 정보기관인 아프베어Abwehr와 이탈리아의 SIM과 정식으로 연계해 서로 간에 필요한 정보를 제공했다. 단순히 국내 치안을 유지하고 군 병력을 통제하는 것이 아니라 정보기관, 방첩기관의 역할을 하며 정치 사찰의 최전선에서 일본을 통제했다. 이런 일본 헌병의 위상을 잘 보여주는 것이 영어 단어 '켐페이타이Kempeitai'다. 세계적으로 얼마나 악명을 떨쳤으면 고유명사까지 생겼을까? (이 시기 조선총독부가 '무단통치'를 했다고 교과서에 나오는데, 그 이유가 바로 여기에 있다.)

일본은 만주를 통해 상품 판매 시장과 원료 공급지를 확보하게 됐다. 그리고 이를 발판으로 소련과의 전쟁 그리고 미국과의 전쟁을 준비했다. 소련, 미국과의 전쟁이라니 상식적으로 납득이 안 될 것이다. 세계 최대 군사력을 다투는 나라들과 동시에 싸우겠다니.

일본은 소련과의 충돌을 예상하고 준비하고 있었다. 1935년 일본군은 만주사변의 기획자인 관동군 작전 주임참모인 이시와라 간지石原莞爾를 중심으로 1941년까지 소련과의 전쟁을 준

이시와라 간지

비하기 위한 군수 산업 개편 계획과 군비 증강 계획을 짜고 있었다.

미친 짓이었다. 지금 기준으로도, 당시 기준으로도 확실히 미친 짓이었다. 이 미친 짓의 배후에는 '미친놈'이 있었다. 미국과 전쟁을 하겠다고 나선 미친놈이 도조 히데키였다면, 소련과 전쟁을 하겠다고 나선 미친놈은 이시와라 간지였다. 그나마 다행인 것은 이 두 미친놈들이 서로 앙숙이었다는 점이다. 태평양전쟁 직후 도쿄 전범재판에서 이시와라 간지는 전범재판 '증인'으로 참석해 도조 히데키의 사형 선고를 지켜봤다.

도조 히데키가 '대동아 공영권'의 실천자로 나서려 할 때 이시와라 간지는 '동아연맹'을 구상하고 있었다.

"일본을 중심으로 만주, 중국 그리고 아시아 각국이 '동아연맹'이란 연맹체를 구성해야 한다. 이 동아연맹을 구성하기 위해서는 소련과의 전쟁이 불가피하다. 우선 소련을 패배시킨 후 서양 각국의 식민지인 동남아시아로 진출해 이들을 '해방'시키고, 이를 토대로 미국과의 일전을 준비해야 한다."

당시 국제 정세, 일본의 국력을 고려해본다면 제대로 미친 소리다. 만주사변의 주모자였던 이시와라 간지는 동아연맹의 성립을 위해서는 중국과 전쟁을 해서는 안 된다고 주장했다. 중국과의 전쟁은 장차 있을 소련과의 전쟁에 방해가 될 뿐이라는 이유에서였다. 실제로 당시 이시와라 간지는 전선을 확대하려는 부하들을 억제하고 확전불가론을 설파하며 육군 수뇌부와 싸웠다. 이런 그의 주장과 몇 가지 돌발 행동(관동군 참모들은 밥값을 못한다며 월급 삭감을 요구했다) 때문에 눈 밖에 난 그는 당시 관동군 참모장이었던 도조 히데키와 크게 싸웠다. 그 결과 그는 본국으로 좌천되어 한직을 떠돌게 되었다.

그러나 동아연맹에 대한 꿈을 버리지 못한 이시와라 간지는 그와 관련한 글을 쓰고 강연회를 다니면서 "중국과의 전쟁을 반대한다!"라며 평화주의자 같은 주장을 계속했다(목적은 다르지만 결과만 보면 '평화'다). 한창 중국 대륙으로 뻗어나가던 일본군 앞에서 현역 일본군 중장이 계속 이런 발언을 해대니 일본 군부로서는 불편할 수밖에 없었다. 하지만 만주사변을 일으킨 장본인이자 나름 일본 육군의 실력자였던 이시와라 간지였기에 그를 처단하자고 섣불리 나서는 이는 없었다. 아니, 딱 한 명이 있었다. 바로 그의 오랜 앙숙이던 도조 히데키였다.

한때는 서로 노려볼 수 있는 거리에 있었지만 어느새 훌쩍 커버린 도조 히데키는 수상의 반열에까지 올라서게 됐다. 그런 그를 보며 이시와라 간지는 "도조 히데키는 국가의 적"이라며 비난했다. 그리고 곧 '강제 예편'이라는 짧고 강력한 응징이 이시와라 간지에게 떨어졌다. 그렇게 일본은 한 명의 '미친놈'을 제거할 수 있었다. 일본으로서는 다행이었다고 해야 할까?

04

일본을 늪에 빠트린
4인의 '미친놈'

메이지 헌법明治憲法은 메이지 천황 당시 만들어진 구 일본 제국의 헌법이다. 일본에서의 공식 명칭은 대일본제국 헌법 大日本帝國憲法이다. 이 헌법의 제1장은 천황에 관한 내용이다. 나라의 성격을 규정하는 제일 첫머리를 천황으로 장식했다는 사실만으로도 일본제국이 추구하는 국가 정체성을 확인할 수 있다. 참고로 제2장은 신민의 권리와 의무, 제3장은 제국 의회, 제4장은 국무대신 및 추밀고문, 제5장은 사법에 관한 내용이다.

다음은 메이지 헌법 제1장의 몇 가지 조문들이다.

제1장 1조. 대일본제국은 만세일계의 천황이 통치한다.

제1장 5조. 천황은 제국 의회의 협찬으로써 입법권을 행사

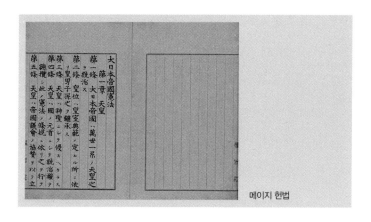

메이지 헌법

한다.

제1장 7조. 천황은 제국 의회를 소집하여 개회, 폐회, 정회 및 중의원의 해산을 명령한다.

제1장 11조. 천황은 육해군을 통수한다.

이상의 조항만 봐도 천황의 권력을 충분히 알 수 있을 것이다. 여기서 주목해봐야 할 것이 11조인데, 천황이 육해군을 통수한다는 이 조항 때문에 일본제국은 군부의 손에 놀아나게 되었고 전쟁 국가 일본으로 내닫게 되었다. 국가에게 있어 '최후의 주권'이라 말할 수 있는 군사력이 국민의 손이 아니라 군인의 손에 떨어진 것이다. 당시 깨어 있는 일본 정치인들은 군부의 폭주를 막기 위해서는 군권을 군인이 아닌 민간인 출신의 정치인에게 양도해야 한다고 생각했다. 물론 현실적인 목표는 '군부에 대한 최소한의 통제'였다.

그러나 군 통수권에 대한 조그마한 움직임이라도 보일라치면 군부는 메이지 헌법 제1장 11조를 들먹이며 상대를 압박했다. "군 통수권은 신성한 천황의 권한이다. 그런데 일개 신하가 감히 천황의 통수권을 침범하려 하는가?" 군부는 천황을 방패로 내세웠고, 그 결과 탄생한 것이 바로 '대본영大本營'이었다. 본래 대본영은 육군성 내 일개 국의 위치였으나 육군성에서 독립해 천황 직속의 참모본부로 승격되었다. 덕분에 천황은 육군성이나 육군대신, 해군대신의 도움 없이도 직접 군대를 통솔하고 전쟁을 치를 수 있게 됐다. 원래는 전시에 조직되는 천황 직속의 통수기관이었는데 어느 순간 전쟁 국가 일본의 컨트롤 타워가 돼버린 것이다. (평시 일본제국 육군의 지휘부는 참모본부, 해군의 지휘부는 군령부였다. 그러나 전시 체제로 전환돼 대본영이 꾸려지면 참모본부는 대본영 육군부로, 군령부는 대본영 해군부로 바뀌고, 천황은 대원수로서 육군에 내리는 명령인 '대륙명大陸命', 해군에 내리는 명령인 '대해령大海令'을 내리며 전쟁을 진두지휘하게 된다.)

그런데 중일전쟁이 발발한 1937년, 전시 대본영 제도는 살짝 변경된다. 이제 전시가 아닌 사변事變에도 대본영을 둘 수 있게 바꾼 것이다. 그렇다면 사변은 무엇일까? 사전에 따르면 "전쟁에는 이르지 않았으나 병력을 동원하지 않을 수 없는 국가적 사태나 난리 또는 선전포고 없이 이루어진 국가 간의 무력충돌"이다. 즉, 전쟁은 아닌데 전쟁인 상황 혹은 전쟁에 준하는 군사적 움직임이 있는 상태를 뜻한다. '지나사변支那事變'이 바로 그러한 상황이었다.

전쟁인 듯 전쟁 아닌 지나사변

—

제2차 세계 대전이 끝난 지 벌써 70년이 넘었음에도 일본 우익은 중일전쟁을 '지나사변'이라고 부른다. 어째서 일본은 중일'전쟁'을 '사변'이라고 부르는 것일까? 이는 크게 두 가지 이유로 정리할 수 있다. 하나는 말 그대로 '사변'으로 중일전쟁을 바라봤던 당시 일본 군부의 자신감이고, 다른 하나는 국제정치학적 필요다.

우선 중일전쟁을 '사변'으로 본 당시 일본 군부의 시각에 대

난징에 들어오는 일본군(1937년 12월 13일)

해 이야기하자면, 중일전쟁 발발 직후 일본 군부는 중국군과
의 전투를 만주사변의 연장선 정도로 생각하고 있었다. "중국
대륙을 3개월 이내에 완전히 장악하겠다"던 일본군의 호언장
담을 눈여겨봐야 한다. 당시 일본 군부는 중국군을 얕잡아보
고 있었고, 만주사변 때처럼 단기간에 끝날 것이라 예상했다.
애초 루거우차오 사건 직후 일본 군부 내 강경파들은 "이참에
화베이華北 지방 문제를 한 번에 해결하자"며 전선 확대를 주
장했는데 그 이유가 여기에 있었다.

　솔직히 말해 당시 일본 군부의 생각이 잘못된 것은 아니었
다. 일본군은 만주사변, 상하이사변, 러허熱河사변을 일으켜 중

국의 땅을 야금야금 갉아먹었던 경험이 있었다. 그때마다 중국은 무기력하게 일본군에게 끌려 다녀야 했다. 중국은 병든 돼지였고, 옆구리를 찌르면 땅을 떼어주는 자판기 같은 존재였다. 이런 경험 때문에 일본은 지나사변을 '가볍게' 생각했다. "화베이 지역 5개 성 정도를 가볍게 접수해 만주국 같은 괴뢰국을 하나 더 세우자. 그렇게 되면 화베이 지방 문제를 일거에 해결할 수 있을 것이다." 당시로서는 합리적인 판단이었다.

두 번째 이유는 국제정치적으로 꽤 중요했기 때문이다. 그동안 맺은 각종 조약 때문에 그리고 실질적인 필요 때문에 일본은 '전쟁'을 할 수 없었다. 먼저 일본이 그동안 중국과 맺었던 각종 조약을 보자. 몇 번의 사변과 전쟁을 통해 중국과 일본은 수많은 조약을 체결했는데, 그때마다 일본은 조계租界와 치외 법권을 확보했다. 만약 선전포고를 하고 전쟁을 일으킨다면 그동안 누려왔던 일본의 특권이 모두 무효화되는 것이다. 그래서 분명 전쟁인데 전쟁이 아니라고 주장하며 조약상의 특권을 유지하겠다는 것이다. 손바닥으로 하늘을 가린다고 해야 할까?

여기에 더해 그동안 일본이 맺은 다른 조약들도 걸림돌이 됐다. 대표적인 것이 부전조약不戰條約과 9개국 조약이다. 일본은 자위적인 전쟁은 인정하지만 침략전쟁은 용인할 수 없다는 부전조약에 서명했다. 국제연맹을 탈퇴하고 워싱턴 해군 군축 체제를 붕괴시킨 장본인이지만 국제 사회에서 최소한의 '명분'은 지켜야 한다는 압박을 받고 있었던 것이다.

일본을 압박한 실질적인 동인은 미국이었다. 1935년 미국은 '중립법'을 통과시켰다. 중립법은 전쟁 당사국에 무기 및 전쟁에 필요한 물자와 원료의 수출을 금지하고 금융 거래를 제한한다는 내용이었다. 경제의 상당 부분을 미국에 의지하고 있었던 일본으로서는 이 중립법을 피해가야만 했다.

이런 모든 이유가 모여서 중일전쟁은 '지나사변'이 됐다. 그러나 전쟁 당사국인 중국과 주변의 열강, 그리고 일본조차도 이 사태가 '사변'이 아니라 전쟁이란 것을 다 알고 있었다. 다만 일본만이 명분과 아집 때문에 지금까지도 사변이라 일컫는 것일 뿐이다.

늪에 빠지다

——

일본에게 있어서 태평양전쟁의 시작은 1937년이다. 많은 이들이 일본이 진주만을 공격한 1941년 12월에 태평양전쟁이 시작된 것으로 알고 있지만, 실질적으로 일본군의 발목을 붙잡은 것은 중국이었다. 태평양전쟁 당시 일본군 사망자 200만 명 중 절반이 중국 땅에서 죽었고, 1943년 중반까지 일본군 예산의 절반 이상이 중국에 투입됐다. 이것만 보더라도 일본군의 주 전선은 중국이었음을 알 수 있다.

어째서 일본은 이런 무모한 전쟁을 시작한 것일까? 앞에서도 언급했지만, 애초에 일본군은 중일전쟁을 너무 가볍게 생각했다. 3개월 안에 중국 대륙을 점령하겠다는 호언장담이 결국 일본군의 발목을 잡았다. 중국은 더 이상의 타협을 용인하지 않을 작정이었다. 1937년 7월 12일 장제스는 장시성 루산盧山에서 루산 국방회의를 열었다. 중국의 주요 인사 150여 명이 참석해 5일간 현 상황에 대한 대책을 논의했는데, 그 결과로 나온 것이 그 유명한 '루산 담화'다.

"국가의 생존을 위해서 전 민족의 생명을 걸어야 한다. …
우리는 철저히 희생하고 철저히 항전할 뿐이다."

장제스의 결의가 중국 전역과 전 세계에 퍼져나갔다. 중국

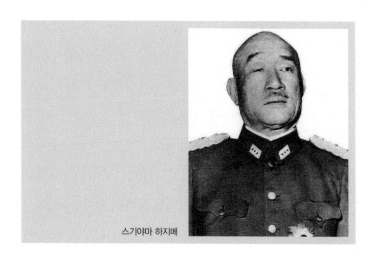
스기야마 하지메

은 일본과의 '전쟁'을 선택한 것이다. 그때까지의 중국이 아니었다.

그렇다면 당시 일본의 상황은 어떠했을까? 고노에 후미마로 총리가 루거우차오 사건을 보고받은 것이 1937년 7월 8일이었다. 이때까지만 하더라도 일본 정부는 전쟁을 할 생각이 없었다. 내각은 회의를 열어 확전 방지 대책을 강구하려고 했는데, 이때 육군대신 스기야마 하지메杉山元가 길길이 날뛰었다(일본 패망과 조선 독립에 앞장선 훌륭한 분이시다).

"이번 루거우차오 사건은 중국의 계획적인 도발이다! 그

동안 중국이 보여준 반일 성향을 보라! 중국은 계획적으로 우리를 공격한 것이다. 당장 3개 사단을 증파해 중국군을 쓸어내야 한다!"

스기야마 하지메의 외침에 제동을 건 것은 해군대신이었던 요나이 미쓰마사米內光政였다. 당시 육군 참모본부 내에서도 중국 침략에 대해서는 의견이 분분했는데(이때까지만 하더라도 '개념' 있는 장교가 많아서인지 신중론이 우세했다) 관동군이 멋대로 일으킨 충돌을 전쟁으로까지 비화시키는 것이 영 내키지 않았던 것이다. 아니, 애초에 중국과의 전쟁이 이치에 맞았겠는가?

여기서 주목해봐야 할 것이 당시 관동군과 내각에 있던 육군대신의 면면이다. 당시 관동군 참모장은 태평양전쟁을 일으킨 주역인 그 유명한 도조 히데키였고, 관동군 참모는 '근성론'의 대가이자 한때 '작전의 신'으로 불렸던 쓰지 마사노부辻政信였다. 쓰지 마사노부의 명저《이것만 읽으면 전쟁에 이길 수 있다》를 보면 다음과 같은 내용이 나온다.

"(미국과의) 전쟁은 승리다. 비행기와 전차와 자동차와 대포의 숫자는 (미군이) 지나(중국)군보다 훨씬 더 많으므로 주의해야 하지만 구식인 것이 많을뿐더러 그 무기를 쓰는 병사들이 약하므로 쓸모가 없다. 따라서 야습은 그들이 가장 두려워하는 것이라 할 수 있다."

이 정도만 봐도 그의 수준을 알 수 있을 것이다. 쓰지 마사노부는 훗날 대본영으로 들어가 일본 패망에 앞장선 훌륭한 인물이다. 그리고 김성종 원작의 《여명의 눈동자》에 잘 묘사돼 있는 '임팔 작전'의 책임자였던 무타구치 렌야牟田口廉也가 있는데, 그는 다음과 같은 말들을 내뱉었다.

"일본인은 원래 초식동물이니 가다가 길가에 난 풀을 뜯어 먹으며 진격하라."

"무기의 부족이 패배의 원인은 될 수 없다."

"황군은 먹을 것이 없어도 싸우지 않으면 안 된다. 병기가 없어, 탄환이 없어, 먹을 것이 없어 싸움을 포기한다는 것은 이유가 안 된다. 탄환이 없으면 총검이 있다. 총검이 없으면 맨손이 있다. 맨손이 없으면 발로 차라. 발도 없으면 물어뜯어라. 일본 남아에게 야마토 정신이 있다는 것을 잊었는가?

일본은 신이 지켜주는 나라다."

　루거우차오 사건 당시 해당 부대의 연대장이 바로 무타구치 렌야였다. 루거우차오 사건은 사실 따지고 보면 별것 아닌 일이었다. 무타구치 렌야의 부대가 훈련하던 도중 병사 하나가 사라진 것이 사건의 발단이었는데, 당시 이 병사는 급한 용무, 즉 똥이 마려워 화장실로 사라진 상황이었다. 그러나 무타구치 렌야는 이 병사를 찾아볼 생각은 하지 않고 무턱대고 중국군 소행이라 판단했고, 이를 상부에 보고했다. 그리고 중국군을 공격한 것이다(한 병사의 장 트러블이 이후 8년 동안 2000만의 중국인을 죽인 것이다).

　도조 히데키, 쓰지 마사노부, 무타구치 렌야, 이 세 명이 같

(왼쪽부터) 도조 히데키, 쓰지 마사노부, 무타구치 렌야

은 시기, 같은 장소에 있었다는 것이 일본으로서는 불행이었
다. 무타구치 렌야가 루거우차오 사건을 일으키자마자 도조
히데키는 즉각 혼성 2개 여단을 편성해 출동시켰고, 쓰지 마
사노부는 무타구치 렌야에게 달려가 "뒤는 관동군이 받쳐주
겠습니다. 마음껏 때려부십시오!"라면서 부채질을 했던 것이
다. 그리고 당시 육군대신이었던 스기야마 하지메.

히로히토: 일본과 미국 사이에 일이 터지면 육군은 어느
만큼의 기간 안에 정리할 수 있다고 확신하시오?

스기야마: 남쪽 방면만 하면 3개월 안에 정리할 수 있습
니다.

히로히토: 스기야마 그대는 지나사변 발발 당시 육군대신
이었소. 그때 그대가 지나사변 이후 우리 일본이 중국을 1개
월 정도면 정리할 수 있다고 한 말을 짐은 아직 기억하오. 그
렇지만 4년이나 질질 끌었고 아직도 정리를 못 했는데 도대
체 어찌된 일이오?

스기야마: 중국은 오지가 넓기에 예상대로 작전을 못 폈습
니다. 허나 폐하, 태평양은 도서 지역이기 때문에 더 수월할
수 있습니다!

히로히토: 뭐요? 중국의 오지가 넓다면 태평양은 더 넓소이다! 대체 무슨 확신이 있어 3개월이라는 소리를 하는 것이오?

한도 가즈토시^{半藤一利}가 쓴 《쇼와사》의 한 대목이다. 태평양전쟁 개전 직전 히로히토 천황이 스기야마 하지메에게 태평양전쟁에 관해 묻자 자신 있게 3개월이라고 대답한 대목이 인상 깊다. 상식이 없다고 해야 할까? 아니면 과도한 자신감의 발로였을까? 중일전쟁 개전 초기에도 히로히토에게 한 달 안에 전쟁을 정리하겠다고 말했지만 그 전쟁은 8년이나 지속되었다는 걸 생각하면… 답이 없다. (스기야마 하지메는 훗날 참모장과 작전과장이 결사반대한 임팔 작전을 무타구치 렌야의 얼굴을 봐서 결재해주라고 명령했던 인물이다.)

이 네 '미친놈'들이 일본을 늪으로 끌고 들어간 것이다.

05

대륙의 각성, 다급해진 일본

스기야마 하지메, 도조 히데키, 쓰지 마사노부, 무타구치 렌야. 이 네 명의 미친놈들이 루거우차오 사건을 일으키고 확전을 결의한 그때, 장제스는 이전의 중국이 아닌 새로운 모습을 보여주었다. 루산 담화 직후 중국군은 결사항전의 의지를 불태웠고, 그런 중국을 보면서 일본은 관동군이 일으킨 루거우차오 사건을 사후 승인할 수밖에 없었다. 그리고는 스기야마 하지메가 주창했던 3개 사단의 증파를 결정했다. 일본은 지나사변을 신질서 구축을 이해하지 못하는 장제스를 응징하는 성전聖戰으로 규정하고, 중국의 반성을 위한 출병으로 스스로를 포장했다.

충격과 공포 그리고 공황

스기야마 하지메는 1개월, 일본 군부는 3개월로 봤던 중일전쟁은 점점 진창 속으로 빠져 들어갔다. 제2차 상하이사변(상하이 전투)에서 '독일식 사단'과 처음으로 조우하게 된 것이다. 88사단의 용전분투 앞에서 일본군은 충격과 공포를 느꼈다. 이제까지 만만하게 봤던 당나라 군대가 아닌 '진짜 중국군'을 본 것이다.

그럼에도 불구하고 1937년 말 일본은 산시성, 산둥성, 하베이성 등등을 점령했다. 그리고 대망의 1937년 12월 13일, 중국의 수도 난징을 점령했다. 다시 한 번 난징 징크스가 증명된 것이다. 예로부터 난징을 수도로 한 정권은 100년을 넘기지 못하고 망했다. 오나라, 동진, 송나라, 제나라, 양나라, 진나라, 명나라, 남명 등등 수많은 왕조가 난징에 수도를 두거나 혹은 난징을 발판으로 국가를 열었으나(태평천국의 난 때도 난징이 수도였다) 그 역사는 대부분 오욕으로 얼룩져 있었다. 난징에 수도를 둔 중화민국도 마찬가지여서 일본군에 밀리고 이후 국공내전에서 패해 타이완으로 도망쳐야 했다.

그러나 당시로서는 이런 역사적 사실을 더듬어볼 여유가 없었다. 당시 일본군은 상하이 전투와 오송吳淞 전투의 피해 때문에 눈이 뒤집힌 상황이었다. 특히나 오송 전투가 문제였다. 상하이에 2개 사단을 증파하기로 결정한 일본군은 이 부대를 오송 만에 상륙시키기로 했다. 일본판 노르망디 상륙 작전이라고나 할까? 오송 만에 일본군 3사단과 11사단이 상륙했는데, 3사단은 사단 구성원의 96퍼센트가 전투 불능 상태에 빠졌고, 11사단도 6일 동안 겨우 5킬로미터 전진한 게 전부였다. 3사단보다 뒤에 도착한 11사단이지만 일주일 만에 4000명의 사상자를 냈고, 한 달 뒤에는 1만 명의 병사를 잃었다.

당시 장제스가 초빙한 독일 고문 알렉산더 폰 팔켄하우젠 Alexander Ernst Alfred Hermann von Falkenhausen은 독일군의 명성을 다시 한 번 입증했다. 독일군 장비와 독일군 편제로 독일군 훈련을 받고 독일 고문관의 전략까지 맞물리자 중국군은 괴물이 됐다(물론 어디까지나 이전의 중국군과 비교해서다). 일본군은 점점 늪에 빠져 들어갔다. 3만 명이면 충분히 중국군을 상대할 수 있을 것이라 생각했는데 일이 점점 꼬여갔다(당시 상하이에 있던 중국군 병력은 20만이 넘었다). 독일식 사단은 벙커와 철조망 뒤에서 차근차근 일본군을 학살했고, 일본군은 붕괴되기 시작했다.

상하이 시내에서 전투 중인 중국군

일본군은 황급히 병력을 차출해 상하이 전선에 보냈다.
1937년 9월 7일에는 3개 사단 증파가 결정됐고, 타이완에 있
던 1개 연대 역시 차출됐다. 애초 3만 명이면 점령할 수 있을
것이라 믿었던 상하이 전투에 일본군은 10만 병력을 밀어 넣
어야 했는데, 이것이 마지막이었다. 더 이상의 병력을 보냈다
가는 화베이 전선이 헐거워질 수밖에 없었기에 섣불리 병력
을 더 차출할 수도 없었다. 애초에 화베이 지방을 평정하는 것
이 전쟁의 목적이었는데 주객이 전도된 것이다.

상황이 이렇게 돌아가자 장제스도 결단을 내렸다.

"상하이 전투에 모든 것을 걸고 일본군을 몰아내자!"

일본군이 상하이에서 허우적거리는 모습을 확인한 장제스의 전략적으로 '올바른 판단'이었다. 당시 장제스는 동원할 수 있는 거의 모든 병력을 쏟아부었는데, 1937년 10월 말까지 7개 집단군 85개 사단, 80만 대군이 상하이에 집결했다. 당시 화난華南과 화중華中에 있는 거의 모든 군대가 집결한 것이다. 여기에는 장제스가 애지중지 키워낸 독일식 사단 4개도 포함돼 있었다.

다시 말하지만, 장제스의 판단은 옳았다. 역사에 만약이란 단어를 넣는다는 건 무의미하지만 되돌려 봐도 장제스는 올바른 판단을 한 게 맞았고, 상하이 전투에서 일본군을 궁지에 몰아넣은 것도 맞았다. 여기서 중국군이 조금 더 일본군을 압박하거나 전선을 고착화시켰다면 일본군은 치명적인 타격을 받았을 것이다.

문제는 판단이 아니라 '실행'이었다. 상하이 전투가 전쟁의 분수령이 될 것이라는 판단도 옳았고, 그 판단에 따른 과감한 결정도 옳았다. 그러나 80만이나 되는 대단위 병력을 투입하고 운용하는 과정이 문제였다. 상하이라는 '좁은 구역'에 너무

많은 병력이 빽빽이 밀집돼 있었고 그 병력도 무계획적으로 투입됐던 것이다. 너무 좁은 구역에 밀집돼 있다 보니 상하이만에서 지원 포격을 하는 일본 해군의 함포 사격 한 방에 1개 대대가 전멸하는 괴이한 상황이 벌어졌고, 무분별하게 투입된 중국군은 보급과 통신에 문제점이 발생해 제대로 전투력을 발휘할 수 없었다.

결정적으로 '지휘'가 문제였다. 그때까지 중국군 지휘관 중 80만 단위의 병력을 지휘해본 지휘관이 없었던 것이다. 중구난방으로 흩어져서 어찌할 바를 모르는 중국군. 너무 많은 병력이 족쇄가 된 것이다. 문제는 속속 드러나기 시작했다. 상하이 전선에 너무 많은 병력이 몰리자 반대로 주 전선이라 할 수 있는 화베이 전선이 헐거워졌고, 일본군은 반대로 화베이 전선을 압박하기 시작했다. 여기에 일본 해군의 항공모함이 속속 집결하면서 머리 위로 폭탄이 떨어지기 시작했다(일본 해군은 세계열강의 그 어떤 기동함대보다 먼저 항공모함의 잠재력을 확인했고 실전 경험을 체득했다). 결국 일본군은 독가스를 뿌리며 다창전大場鎭을 함락했고, 상하이를 외곽으로부터 포위해 들어갔다. 상황이 이렇게 돌아가자 장제스는 1937년 10월 26일 상하이에서 전면 퇴각을 결정했다.

일본군의 독가스 공격을 받은 중국군 사상자들

이때 다시 한 번 맹위를 떨친 게 독일식 사단인 88사단이었다. 언제나 그렇지만 군사 행동 중 가장 위험한 것이 퇴각전이다. 뒤에 남겨졌다가 적에게 꼬리를 잡히면 그대로 죽음으로 이어지는 후위대의 역할은 그 누구도 맡고 싶어 하지 않는 최악의 임무다. 상하이 퇴각에서 이 후위대의 임무를 맡은 건 88사단의 결사대 400명이었다. 이들은 나흘 동안 차근차근 일본군을 학살하며 중국군의 퇴로를 지켜냈다. 그러곤 1937년 11월 1일 영국 조계지로 질서정연하게 퇴각했다. 이 후위대 전투에서 400결사대의 피해는 50명의 사상자를 내는 데서 그쳤지만, 이를 상대해야 했던 일본군은 200명이 넘는 사상자를 내야 했다.

난징 대학살

이 악몽의 기억은 12월 13일 난징을 점령한 일본군의 머릿속에 고스란히 남아 있었다. 일본군은 난징을 점령하자마자 무려 30만 명의 중국인을 학살했다. 난징 대학살은 그렇게 시작됐다.

늪 속으로 깊숙이

지도로만 보면, 일본군은 쾌속 진격을 했고 엄청난 전과를 낸 것처럼 보인다. 그러나 1937년 말의 '점령지'는 어디까지나 '점'과 '선'으로만 이어진 허깨비였다. 임진왜란 당시 일본군은 서울을 목표로 쾌속 진격했지만, 후방에서 일어난 의병과 한산도에서 일본군의 보급로를 옥죄고 있는 이순신 장군 때문에 후퇴할 수밖에 없었다. 당시 일본군은 조선의 주요 거점을 확보했을 뿐 점령지 전체를 다 확보했던 것이 아니다. 일본군은 점과 선으로 이어진 '도로'를 확보했을 뿐이고, 그나마도 유지할 수 없어서 패퇴한 것이다.

1937년의 일본군도 마찬가지였는데, 일본군이 점령한 '광대한' 중국 영토는 거의 대부분 도시와 도시를 연결하는 철도를 중심으로 한 허깨비였지 완전한 점령이 아니었다. 중국은 너무도 광대했고, 일본군은 그 숫자가 너무도 적었다. 일본이 중화민국의 수도인 난징을 점령했다지만 이미 장제스는 난징을 떠나 중징中京에 새 터를 잡고 결사항전의 의지를 불태우고 있었다.

장제스는 공간을 주고 시간을 얻는 방법을 선택했다. 일본군이 아무리 용맹하다 해도 2400킬로미터나 되는 중국의 해안선을 다 지켜낼 수는 없을뿐더러 광대한 중국 영토 전체를 점령하기는 더더욱 어려울 것이라 판단했다. 장제스가 주목한 것은 게릴라전이었다. 그는 휘하의 병력 중 3분의 1을 일본군 점령지로 보내 유격전을 벌이게 했다. 아울러 홍콩, 마카오, 광저우, 상하이의 조계지를 통해서 무기를 수입했다(당시 장제스가 일본에 대한 선전포고를 미뤘던 이유가 여기에 있다. 선전포고를 해 본격적인 '전쟁'에 들어가기보다는 하나의 '사변'으로 고착화시켜 열강의 조계지를 활용하는 방법으로 일본을 괴롭혔던 것이다).

상황이 이렇게 돌아가자 다급해진, 아니 불안해진 것은 일본이었다. 일본은 메이지 유신 이래로 (내전을 제외하고) 항상 일본 본토 바깥에서 전쟁을 수행했다. 이 점에 유의해야 하는데, 본토 밖에서 전투를 하면 본토에는 피해가 없지만 본토 밖에 있는 부대에 지속적으로 '보급'을 해줘야만 한다는 과제가 생긴다. 일본이 아무리 메이지 유신에 성공해 공업국으로 성장했다 해도 대단위 부대를 본토 밖에서 운영하며 보급선을 지속적으로 유지하는 것은 보통 어려운 일이 아니다. 이미 러일전쟁 당시 근대전의 물량을 감당할 수 없다는 것을 체득한 일본이 아니던가?

이런 상황에서 장제스가 공간을 내주고 시간을 버는 식으로 장기전 태세에 들어가자 일본으로서는 불안할 수밖에 없었다. 일본이 모든 것을 쥐어짜내 간신히 이겼던 러일전쟁도

총 19개월이었다. 일본은 2년 이상 전쟁을 치러본 경험이 없었다. 그런데 중국은 달랐다. 대륙의 기상이라고나 할까? 장제스는 느긋하게 중징에 터를 잡고는 '끝날 때까지 끝난 게 아니다'라는 정신으로 게릴라전을 준비했다(그리고 8년을 버텨냈다). 부패한 일본 관리들과 장교들을 포섭해 무기를 빼돌리고, 중국의 군벌을 비롯해 부패한 고위 장성들을 체포해 총살하며(화베이 전선이 무너진 1938년 1월 24일 여단장급 이상의 부패한 고위 장성 41명을 총살했다) 장기전 태세를 취했다.

일본은 다급해졌다. 중국이 장기전 태세로 전환한 상황에서 손 놓고 앉아 있을 수만은 없었기에 일본도 바쁘게 움직이기 시작했다. 일본은 1938년 4월 1일 '국가총동원법'을 공표했는데, 이 법의 주요 내용은 다음과 같다.

제1조. 국가총동원이란 전시(전시에 준할 경우도 포함)에 국방 목적을 달성하기 위해 국가의 전력을 가장 유효하게 발휘하도록 인적 및 물적 자원을 운용하는 것을 말한다.
제4조. 정부는 전시에 국가총동원상 필요할 때는 칙령이 정하는 바에 따라 제국 신민을 징용하여 총동원 업무에 종사하게 할 수 있다. 단 병역법의 적용을 방해하지 않는다.

제7조. 정부는 전시에 국가총동원상 필요할 때는 칙령이 정하는 바에 따라 노동 쟁의의 예방 혹은 해결에 관하여 필요한 명령을 내리거나 작업소의 폐쇄, 작업 혹은 노무의 중지, 기타의 노동 쟁의에 관한 행위의 제한 혹은 금지를 행할 수 있다.

제8조. 정부는 전시에 국가총동원상 필요할 때는 칙령이 정하는 바에 따라 물자의 생산, 수리, 배급, 양도, 기타의 처분, 사용, 소비, 소지 및 이동에 관하여 필요한 명령을 내릴 수 있다.

제20조. 정부는 전시에 국가총동원상 필요할 때는 칙령이 정하는 바에 따라 신문, 기타 출판물의 게재에 대하여 제한 또는 금지를 행할 수 있다.

일본(식민지 조선 포함) 내의 모든 물적·인적 자원을 국가가 통제하며, 노동 쟁의를 전면으로 부정하고, 국가의 필요에 따라 마음대로 병력을 징병하고, 국민의 모든 재산 처분권을 일본 정부가 가지는 '계획 경제'로 들어가겠다는 선언이다. 아울러 언론 통제도 하겠다는 선포였다. 이제 일본은 완벽한 전시 경제 체제로 변신했고, 이때부터 일본 정부는 "거국일치擧國一致,

진충보국盡忠報國"이라는 구호를 내뱉으며 조금이라도 일본 정부의 '뜻'과 어긋나는 이들을 비애국자, 불순분자로 낙인찍고 헌병대로 보내버렸다. 그렇게 일본은 서서히 미쳐갔다.

이 국가총동원법의 위력은 일본 사회를 점점 옥죄었는데 1939년 3월 학생들의 장발과 여성들의 파마를 금지시켰고 1939년 7월에는 국가총동원법을 근거로 한 칙령 제451호 '국민징용령'이 나왔다. 일본 국민(식민지 조선 포함)을 전쟁에 강제로 동원할 수 있는 합법적 근거를 확보한 것이다. 한 병사의 장 트러블이 일으킨 실로 놀라운 결과였다.

광기

——

장제스의 장기전 태세를 목도한 일본은 '거국일치'를 말하며 전시 체제로 개편했다. 워싱턴 해군 군축 조약 탈퇴, 국제연맹 탈퇴로 국제 사회에서 한 발 비껴난 일본은 이제 자신들만의 '세계'를 만들어야 했다. 언제나 그렇듯 정치 행위의 근간에는 '명분'이 필요하다. 물론 명분은 포장지에 불과한 것이지만 최소한의 정당성을 주장할 만한 근거는 필요하다. 그것은 자국민을 설득하기 위해서도, 상대국에 자신의 주장을 설파하기 위해서도 필요하다.

중일전쟁 개전 후 1년이 지난 1938년 11월 고노에 후미마로 총리는 '동아협동체론'을 들고 나왔다.

"동아東亞 영원의 안정을 확보하기 위한 신질서의 건설이 이번 전쟁의 목적이다. 이것은 일본의 조국肇國 정신에 연원하며, 이를 완성하는 것은 일본 국민에게 지워진 영광스런 책무이다."

간단히 말해 동아시아는 지역적 운명 공동체이며, 이 운명 공동체는 천황을 맹주로 하여 공동의 국방, 일체화된 경제, 한자 문화권의 동질화된 문화 공동체를 형성해 미국과의 '세계 최종전'에 대비해야 한다는 것이다. 이는 곧 중국에 대한 일본의 독점적 지배를 선언한다는 뜻이다.

고노에 후미마로는 일본의 총리였고 그가 공식석상에서 천명한 대외 관계에 관한 주장은 일본 정부의 공식 입장, 즉 독트린doctrine이 되는 것이었다. 미국은 이에 즉각 반응했다. 같은 해 12월 미국은 고노에 후미마로 총리의 주장에 대해 공식

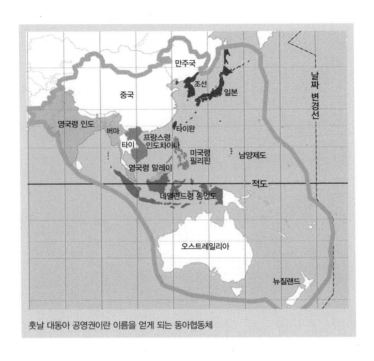

만주국

중국

조선

일본

날짜 변경선

영국령 인도

버마

타이완

타이

프랑스령 인도차이나

미국령 필리핀

남양제도

영국령 말레이

적도

네덜란드령 동인도

오스트레일리아

뉴질랜드

훗날 대동아 공영권이란 이름을 얻게 되는 동아협동체

적인 입장을 밝혔다.

"어떠한 나라도 자신의 주권에 속하지 않은 지역에 신질서
를 건설할 자격이 없으며, 문호 개방 원칙을 무시한 신질서
는 인정할 수 없다."

러일전쟁 직후부터 일본의 만주 점령과 중국 진출에 불편

한 심기를 내비치던 미국이 드디어 입을 뗀 것이다. 그리고 실질적인 행동에 나섰다. 미국은 중국에 대한 차관 제공 등 중국 원조 방침을 밝혔는데, 이는 그간 보여줬던 '경고 수위'를 넘어서는 반응이었다.

미국의 압박은 점점 거세져 1939년 7월에는 미일 통상 항해 조약의 파기를 선언했다. 이제 미국은 일본에 대한 무역과 상거래를 정부 통제하에 두게 된 것이다. 이는 미국 정부가 마음만 먹으면 일본에 경제 제재를 할 수 있는 법적 근거를 확보했다는 뜻이다. 이 부분은 매우 중요한데, 1940년 기준으로 일본의 총수입액 21억 엔 중 19억 엔이 미국에서 수입한 것이었다. 만약 미국과의 관계가 틀어지면 전쟁 수행에 없어서는 안 되는 석유와 철광의 수입이 모두 막히는 것이다.

이제 일본은 국제 미아가 될 판이었다. 군사강국 일본을 만들어준 영일 동맹은 워싱턴 해군 군축 조약으로 떠나갔고, 국제연맹의 탈퇴로 국제 사회에서 일본의 입지는 좁아든 상황이었다. 이때 일본의 눈에 들어온 것이 독일이었다. 당시 일본과 독일은 동병상련의 입장이었다. 베르사유 조약을 탈퇴하고 국제 사회로부터 '문제아' 취급을 받던 독일은 자신만의 파트너가 필요했고, 일본 역시 마찬가지였다. 이들은 급속도로 가까워지게 되었다. 1937년 11월 일본, 독일, 이탈리아는 삼국 방공防共 협정을 맺었다. 삼국 동맹의 전초 단계였다.

일본 영화《연합 함대 사령장관 야마모토 이소로쿠》를 보면 당시 일본 해군의 삼국 동맹 조약 반대파 세 명의 모습을 확인할 수 있는데, 바로 야마모토 이소로쿠山本伍十六, 이노우에 시게요시井上成美, 요나이 미쓰마사米內光政다. 당시 일본 국민과 조약 찬성파는 이들을 "조약 반대의 삼족오"라고 비아냥거리며 멸시했다.

특히 야마모토 이소로쿠는 미국과의 일전은 필패라며 일본 군부 인사 중 거의 유일하게 국제적 식견과 미국에 대한 안목

야마모토 이소로쿠

을 가진 인물로 묘사되는데, 앞에서 다룬 총력전 연구소 이야기처럼 당시 많은 이가 미국과의 전쟁은 필패라는 것을 알고 있었다. 당시 야마모토 이소로쿠가 미국과의 개전에 반대했던 이유는 그가 평화주의자이거나 놀라운 식견을 가지고 있어서라기보다는 전통적인 일본 육군과 해군의 관계에서 찾아봐야 한다. 당시 육군의 가상 적국은 소련이었는데, 이들은 소련과의 전투 준비에 들어간 상황이었고, 그러기 위해 삼국 동맹의 체결을 주장했다. 즉, 삼국 동맹은 육군 위주의 주장이었다. 만약 소련과의 전쟁이 결정된다면 해군은 자신이 활약할 기회를 상실하게 될 테고, 모든 예산과 자원이 육군에게 몰리게 뻔했다. 당시 야마모토 이소로쿠가 내세운 삼국 동맹 반대 이유는 첫째, 미국과 영국과의 외교 관계가 악화되어 중일전쟁 해결이 어려워지고, 둘째, 소련과 전쟁을 벌일 경우 독일은 거리가 너무 멀어 지원을 기대하기 어려우며, 셋째, 독일과 이탈리아가 중국에서의 이권을 요구할 수 있다는 것이었다. 결국 야마모토 이소로쿠도 전쟁을 피하자는 입장이라기보다는 더욱 '효과적으로' 싸우자는 입장이었던 셈이다.

1938년 3월 독일은 오스트리아를 병합했다. 히틀러가 고향으로 금의환향한 것이다. 그리고 그해 5월 독일은 만주국을 승인했다. 문제는 해군이 끝끝내 삼국 동맹 가입 불가 입장을 고수하던 1939년 8월 소련과 독일이 전격적으로 독소 불가침 조약을 맺었다는 것이다. 일본으로서는 충격과 공포였다. 소련을 가상 적국으로 바라보고 있었는데, 그 소련이 일본의 최대 파트너가 되어줄 독일과 손을 잡은 것이다. 이 덕분에 히라누마 기이치로平沼騏一郎 내각은 총사퇴를 하게 되었다. 이제 일본은 천둥벌거숭이 신세가 된 것이다.

그리고 1940년 삼국 동맹에 또 다른 움직임이 감지되었다. 1939년 여름까지는 삼국 동맹에 대한 일본의 입장이 "독일, 이탈리아와 손잡고 소련에 맞서자"였다면 1940년에는 "독일과 이탈리아 그리고 덤으로 소련을 끼워줘 4개국이 미국에 대항하는 대미 동맹을 결성하자"라는 쪽으로 본말이 전도된 것이다. 일본의 정체성이 의심되는 대목이다. 어쨌든 전쟁만 할 수 있다면 된다는 것이었을까?

까놓고 말해 삼국 동맹은 제2차 세계 대전 연합국에 비해 결속력이 상당히 느슨했다. 독일만 하더라도 중일전쟁 당시 중국군에게 무기를 제공했고, 이탈리아는 제2차 세계 대전 직전까지 영국과 협상을 벌였다. 윈스턴 처칠은 이탈리아가 보유한 200여 척에 달하는 잠수함을 두려워했다. 이들이 독일

유보트와 연합해 영국의 보급선을 차단한다면 영국으로서는 치명타일 수밖에 없었다. 1939년 9월 1일 기준으로 독일군이 보유한 유보트가 56척에 불과했던 것을 생각한다면 이탈리아와 독일이 손잡는 것은 영국으로서는 악몽이었다. 그러나 어디까지나 처칠의 기우였을 뿐 이탈리아 잠수함 부대는 영국의 생각과 달리 한심했다. 독일 유보트 부대가 아무리 가르치고 얼러도 이탈리아 잠수함 부대는 이탈리아군의 '전통'을 고스란히 따랐다.

여기서 우리가 주목해봐야 하는 것이 삼국 동맹 체결 당시

삼국 동맹을 선전하는 엽서(1938년)

일본의 세계관이다. 당시 일본의 세계관을 보면 어째서 일본이 삼국 동맹에 참여하게 됐는지를 알 수 있는데, 독일이 소련과 불가침 조약을 맺을 때만 해도 나라 잃은 심정이었던 일본은 독일이 폴란드를 소련과 반분半分하고 프랑스를 불과 6주 만에 점령하는 것을 확인하면서 몸이 바짝 달아오를 수밖에 없었다. 일본은 독일을 통해 자신의 '자리'를 차지하고 싶어 했다.

이런 세계관을 잘 드러낸 것이 삼국 동맹 체결 5개월 뒤인 1941년 2월에 있었던 정부연락회의 결정 사항이다. 바로 '대독일, 이탈리아, 소련 교섭안 요강'이다.

"세계를 대동아권, 유럽권(아프리카 포함), 미주권, 소련권(인도, 이란 포함)의 4대권으로 하여 전후 강화회의에서 이의 실현을 주장한다. … 제국은 대동아 공영권 지대에 대해 정치적 지도자의 지위를 점하여 질서 유지의 책임을 진다."

'자신의 자리를 찾아야 한다'라는 일본 특유의 민족성을 다시 한 번 확인할 수 있는 대목이다. 솔직히 말해 이 요강은 거의 실현 불가능한 이야기였다. 당장 삼국 동맹+1(소련)이 세계를 제패한다는 것 자체가 실현 불가능한 일이었다(제2차 세

삼국 동맹 조약 체결식. 왼쪽부터 구루스 사부로(일본), 갈레아초 치아노(이탈리아), 아돌프 히틀러(독일)

계 대전 당시 전 세계 군수 물자의 절반 이상을 생산해낸 미국을 이긴다고?). 또한 대동아 공영권이란 것도 중국과 아시아 각국의 동의, 그리고 미국이 개입하지 않는다는 것이 전제되어야만 하는데, 그때까지도 일본은 중국 전선에서 허우적거리고 있는 상황이었다.

어찌 됐든 일본은 '동아협동체'의 동아_{東亞} 앞에 '대_大' 자를 붙이며 자신의 구상을 점점 확대해나가는 와중이었다.

06

일본, 건드리지 말아야
할 걸 건드리다

강제규 감독의 영화《마이웨이》를 보면, 오다기리 죠가 이끄는 일본군 부대가 소련군 전차 부대로 돌격하는 장면이 나온다. 관객으로서는 이해하기 힘든 이 광기 어린 장면은 실제 있었던 노몬한 전투(혹은 할힌골 전투)를 재현한 것이다. 노몬한 전투는 태평양전쟁의 시작을 알린 진주만 공습에 비해 덜 알려진 '변방의 전투'지만 이후 일본의 행보에 결정적 영향을 끼쳤다.

당시 일본 군부는 남방공략파와 북부공략파로 나뉘어 향후 일본의 진로를 두고 싸웠다. 간단히 말해 남쪽으로 쳐들어갈까, 북쪽으로 치고 올라갈까를 두고 고민했던 것이다. 그런데 노몬한 전투 이후 북부공략파의 목소리는 힘을 잃었고, 일본은 남방 자원 지대라 칭한 곳으로 치고 내려가게 되었다. 미국

노몬한 전투(영화 《마이웨이》의 한 장면)

과 전쟁을 하겠다는 선포? 무모한 도전? 아니다. 한없이 자살
에 가까운 '승산 없는 전쟁'에 몸을 던진 것이었다. 만약 노몬
한 전투가 없었더라면 일본은 진주만 기습 대신 소련을 침공
했을지도 모른다.

분쟁의 시작
—

1932년 일본이 만주국이란 괴뢰 정부를 세우자 소련은 심기

가 불편했다. 만약 일본이 독일과 손잡고 양면에서 공격해온 다면 소련은 이를 어떻게 막아낼 수 있을까? 여기서 등장하는 것이 근대 국가로 재탄생한 '몽골'이다. 러시아의 반혁명 분자였던 운게른 남작은 혁명 세력에 패퇴한 뒤 몽골로 피신하였고, 몽골은 운게른 남작의 도움으로 독립을 선포하게 되었다. 300년간 이어진 청나라의 지배에서 몽골이 벗어나게 된 것이다(여기에는 청나라 자체의 혼란도 한몫했다).

문제는 이때부터였다. 갓 독립한 몽골의 지정학적 위치가 애매했던 것이다. 당시 일본은 만주국이란 괴뢰국을 만들었다. 일본은 러일전쟁 이후 언제나 러시아(소련)를 제1의 가상 적국으로 삼고 러시아와의 전쟁을 준비해온 나라였다. 일본은 만주국을 만든 후 그 여세를 몰아 중일전쟁을 일으켰고, 중국과의 전쟁을 정리한 다음 병력을 몰아 바이칼 지역을 확보하고 시베리아로 짓쳐 들어가려는 계획까지 세우고 있었다. 이런 일본을 바라보는 소련의 심정은 어떠했을까? (스탈린은 독일과 일본이 손잡고 소련을 공격하는 최악의 상황을 항상 걱정했다. 노몬한 전투가 소련에게 끼친 영향은 국제정치학적으로 꽤 컸는데, 이후 소련이 독소 불가침 조약을 맺은 데는 바로 이러한 양면전에 대한 두려움을 제거하기 위한 의도도 있었다. 후술하겠지만 노몬한 전투가 일본과 소련에 끼친 군사적·정치적 영향은 상당히 컸다.)

러시아 혁명이 안정기에 들어가고, '소련'으로 이름을 바꾼 북구의 패자는 반혁명 세력을 축출하기 위해 몽골까지 쫓아왔다가 독립 국가 '몽골'을 목도했다. 처음에는 반혁명 세력의 지원으로 독립한 몽골의 출생 배경이 마음에 걸렸지만, 그것은 어디까지나 사소한 문제일 뿐이었다. 옆에서는 관동군의 나라 만주국이 호시탐탐 몽골과 소련을 노려보고 있고, 전 세계 자본주의 국가들은 세계 최초의 사회주의 국가 소련을 무너뜨리기 위해 도끼눈을 뜨고 있는 상황이었다. 만약 이런 상황에서 일본이 만주국을 발판으로 몽골로 치고 들어온다면? 갓 걸음마를 뗀 근대 국가 몽골은 국력 면에서 도저히 일본의 상대가 못되었다. 군사력이라 부를 만한 무력도 부족했다. 아니, 국력 자체가 상대가 되지 않았다. 소련으로서는 일본이란 야수를 상대할 '발판'이 필요했다. 몽골 입장에서도 나쁜 이야기는 아니었다.

"갓 건국한 몽골 주변에는 호랑이와 늑대가 가득하다. 중국은 언제 어느 때 청나라 시절의 역사를 들먹이며 치고 들어올지 모르고, 바다 건너 일본은 만주국이라는 괴뢰 정부를 핑계로 우리를 집어삼키려 하고 있다. 이런 상황에서 몽골이란 나라의 국체를 지켜내기 위해서는 소련의 위성국으로 들어가는 것 말고는 마땅한 대안이 없다."

틀린 말이 아니었다. 조선과 만주국의 상황을 보면 몽골이 일본에게 먹히지 말란 법이 없었다. 게다가 관동군은 무슨 일을 벌려도 이상할 게 없는 망나니들이었다. 이런 망나니가 바로 옆에서 도끼눈을 뜨고 몽골을 노려보고 있었다. 이런 상황에서 몽골이란 나라의 독립을 유지하기 위해서는 소련의 위성국보다 더한 모욕이라도 견뎌내야 했다. 아니, 오히려 싸게 먹힌 것이다.

예정된 충돌

—

소련은 몽골과 상호 원조 조약을 맺은 상태였고, 만주국은 실질적으로 관동군의 나라였다. 언제 싸움이 붙어도 이상할 게 없는 상태였다. 그리고 수시로 충돌이 이어졌다. 만주국과 몽골은 1932년부터 노몬한 전투가 일어나는 1939년까지 무려

국경 분쟁 지역이던 노몬한과 장고봉

759번의 국경 충돌을 일으켰다. 국경 충돌의 원인은 아주 단순했다. '등기부 등본을 떼보니 이 땅이 내 땅이었다'는 것이다.

근대 국가 이전 시절 몽골과 청나라는 국경에 대한 개념이 희미했다. 청나라 입장에서는 몽골의 초원이 원래 자신의 땅이었고, 몽골 역시 유목민족이었기에 국경에 대한 개념이 희미했다. 그런데 만주국과 몽골이라는 '국가 체계'가 완성되자 서로의 땅이라며 국경 분쟁에 나선 것이다.

당시 일본군이 주장한 국경선은(당시 관동군 사령관은 '주만특명전권대사駐滿特命全權大使'라는 긴 직함의 직책을 겸임했는데, 한마디로 만주국의 입법, 사법, 행정권을 모두 가진 실질적인 총독이었다. 즉,

만주국은 일본 식민지라는 의미다) 할하강이었는데, 몽골은 할하강 앞에 있는 노몬한 고지가 자신들의 국경선이라고 주장했다. 정치적인 의미만 없다면 이 국경선 문제는 정말 사소한 문제였다. 만약 여기에 고부가가치 천연자원이 매장돼 있다면 이야기가 달랐겠지만 이곳은 그냥 모래와 잡초가 넘실대는 황무지였으며, 할하강과 노몬한 고지 사이의 거리도 좁은 곳은 10킬로미터, 길어봤자 20킬로미터 정도 차이 날 뿐이었다. 즉, 눈 감고 모른 척하면 아무 문제가 되지 않는 일이었다. 문제는 일본과 소련이 어느 때고 싸우겠다는 '투지'로 불타고 있었다는 점이다.

노몬한 전투가 벌어지기 2년 전(1937년 6월 19일)에 건차자도 乾岔子島(흑룡강에 있는 하중도 중 하나)에 40명의 소련군이 상륙해 요새화 작업에 들어가자 일본은 사단 단위의 병력(제1사단)을 출동시켜 소련군을 흠씬 두들겼다. 소련군에 사상자가 많이 발생했지만, 당시 소련은 대규모의 군부 숙청으로 내부가 혼란한 상황이었기에 제대로 대응하지 못하고 물러났다.

그로부터 1년 후(1938년 7월 29일) 일본과 소련은 장고봉張鼓峰에서 다시 한 번 '격하게' 싸웠다(장고봉 전투). 두만강 근처의 해발 150미터의 작은 고지, 아니 언덕이었던 이곳은 만주, 조선, 소련 사이에 절묘하게 걸쳐 있는 땅이었다. 문제는 이 땅이 누구 소유였느냐는 것이다. 보통 이런 상황이면 서로 눈치를 보며 무풍지대로 남겨놓는 것이 상책인데, 소련과 만주국(만주국이라 쓰고 일본이라 읽는다)은 서로의 땅이라고 핏대를 세웠던 것이다.

최초의 움직임은 소련에서 나왔다. 이들이 먼저 장고봉 정상에 진지를 구축했다. 이를 확인한 일본군은 정찰대를 파견했는데, 소련군이 정찰대에 사격을 가하면서 충돌이 시작됐다. 당시 일본군, 아니 정확히 표현하자면 관동군은 중국 전선에 대한 공세를 준비하고 있었기 때문에 이런 분쟁은 피하는 것이 상책이었다. 일본군 지휘부 역시 소련과의 대규모 전투를 원치 않았다.

그러나 당시 관동군은 이미 '독자적인 군대'였다. 1937년 대본영이 상설 기관이 되고, 중국 전선이 장기화되면서 총력전 태세로 접어들던 시기에 관동군은 일본 본토의 육군성, 해군성과 함께 독자적인 군사 집단이 된 것이다. 이제까지 보여준 그 엄청난 짓들을 생각해보라. 야전에 있는 군인들이 본토의 정치적 판단 없이 독자적으로 군사 충돌을 일으키고, 전쟁을 시작하지 않았던가? 당시 관동군의 행동은 일본 정부 입장에서도 명백히 초법적이고 위법적인 행동이었다.

중국과의 전쟁이 시작된 마당에 굳이 소련과 싸워야 할 이유가 있을까? 관동군이 아무리 생각이 없어도 그 정도 바보는 아니었다. 그러나 관동군에게는 주변 상황을 자신들 편의대로 합리화하는 놀라운 재주가 있었다. "장고봉 일대는 대단위 부대가 주둔하거나 회전會戰해서 싸울 공간이 없다" "지역 자체가 좁기 때문에 확전으로 이어지지는 않을 것이다" "소련군이 전차를 많이 보유하고 있다지만 이 좁은 지역으로 끌고 오지는 못할 것이다" 그러니 "건차자도 때처럼 가볍게 밟아주고 오자"라는 지극히 관동군다운 결론이었다. 중국이라는 거대

이오시프 스탈린

한 늪에 뛰어들어 허우적거리느라 병사 한 명이라도 아껴야
하는 상황에서 불필요한 적을 늘리는 것이 얼마나 바보 같은
짓인지는 삼척동자도 다 알 터인데 관동군은 주변 상황을 멍
청하리만큼 낙관적으로 바라본 것이었다.

물론 일본군에게 무조건 불리한 상황은 아니었다. 소련에는
'스탈린'이라는 약점이 있었다.

붉은 30년대
—

1920년대까지만 하더라도 소련이란 나라는 서구 자본주의 국
가들에게 눈엣가시 같은 존재였다. 이런 시선은 1930년대까
지 이어졌다(물론 가시적인 압력은 줄어들었지만 다른 의미에서의 압
박이 또다시 시작됐다).

미국 역사에서 1930년대는 '붉은 30년대'라고 불리던 시절이
었다('추악한 30년대'라는 표현이 더 어울리기도 한다). 대공황이라는
미증유의 경제 위기 앞에서 미국이 '뉴딜 정책'으로 활로를 모
색하던 시기였다. 같은 시기 독일은 히틀러로 대변되는 파시즘
으로, 소련은 공산주의로 이 경제 위기를 돌파하려 했다.

이 대목에서 주목해봐야 할 것이 대척점에 있던 독일과 소련 모델의 성공이다. 대공황의 핵심은 '수요의 실종'이다. 누군가가 물건을 사줘야 돌아가는 것이 경제인데, 수요가 사라지면서 경제가 멈춰버린 것이다. 이 경우 경제 위기를 극복할 수 있는 가장 확실한 대책은 '수요의 창출'이다. 히틀러는 아우토반을 건설하고 재군비를 선언함으로써 독일 내의 수요를 창출해냈다. 더불어 좌파 정당과 노조를 해체해 노동자의 단결권을 박탈해버렸다.

반면 소련은 국가 계획 경제를 실시했다. 농민들의 대규모 이주에 따른 부작용이 엄청났지만, 당시에는 이런 사실이 외부에 알려지지 않았다. 덕분에 1930년대의 소련은 노동자와 핍박받는 민중의 유토피아가 됐다. "완전 고용, 완벽한 사회 보장 제도, 노후연금. 소련은 노동자의 천국이다!" 당대 지식인, 예술가, 노동자치고 소련을 찬양하지 않는 이가 없었다. 반대로 미국의 파워 엘리트나 유럽 선진국의 기업가치고 공산주의를 두려워하지 않는 이가 없었다. 이른바 '적색 공포'였다. 소련과 같은 공산 혁명이 자국에서 일어나지 말라는 보장이 어디에 있는가?

그런 그들에게 희망으로 떠오른 것이 히틀러였다. 공산주의를 배척하고, 소련 땅을 점령해 레벤스라움Lebensraum을 건설하겠다는 그의 엄청난 포부. 아니, 거기까지 갈 필요도 없었다. 노조를 해체하고 노동자의 단결권을 없애버린 것만으로도 히틀러는 기업가들의 영웅이었다. 뉴딜 정책으로 노동자의 입김이 엄청나게 강해진 미국 기업가들의 입장에서 히틀러의 독일은 기회의 땅이자 미국이 따라야 할 롤모델이었다. 1933년 GM의 회장 크누센은 독일을 방문해 제1차 세계 대전 이후 재건된 독일 경제를 보며 "20세기의 기적"이라고 칭송했는데, 이는 단순한 레토릭이 아니었다. 1930년대부터 제2차 세계 대전이 끝날 때까지 미국 기업가들과 정치인들은 히틀러와 독일을 사랑했고, 독일을 위해 물심양면 모든 지원을 아끼지 않았다(심지어 전쟁 중에도 말이다).

1933년 히틀러 집권 이후 독일과 미국이 전쟁을 시작하는 1941년까지 독일에 투자한 미국 기업은 대충 헤아려도 스무 곳이 넘는데, 포드, GM, 코카콜라, 듀퐁, IBM, ITT, 스탠더드 오일 오브 뉴저지(지금의 엑슨 모빌), JP 모건 등등 다들 이름만 들어도 눈이 돌아갈 만한 기업들이다. 이들은 전쟁(제2차 세계 대전) 전에도 전쟁 중에도 독일과 히틀러를 사랑했다. 어느 정도였는지 몇 가지 예를 들어볼까?

포드와 GM은 각각 독일에 자회사를 만들었는데, 이들은 제2차 세계 대전 초창기까지 미국에 엄청난 이익을 안겨줬다. 대서양에서 영국과 독일이 잠수함 전쟁을 벌이고, 미국 정부가 무기 대여법으로 영국과 연합국에 무기를 공급할 때 이들은 독일 공장에서 무기를 찍어냈다. 그 수준이 하청 업체가 부품을 공급하는 수준은 '물론' 아니었다. 세계 최초의 실용 제트 전투기인 ME-262의 엔진은 GM의 자회사인 오펠의 뤼셀하임 공장에서 생산됐다. 오해할까 봐 말해두는데 당시 독일에 진출해 있던 미국 기업들은 제2차 세계 대전 당시 착실하

세계 최초 실용 제트 전투기 ME-262

게 돈을 벌었고, 그 돈을 본국인 미국으로 보냈다. 이때 등장한 것이 스위스의 은행이었다. 스위스의 지사가 독일로부터 돈을 송금받고, 그것을 다시 미국으로 보낸 것이다.

경영도 가능했는데, 미국 정부의 외교 행낭을 통해서 중립국이나 피점령국을 거쳐 직접 경영을 했다. 독일이 자국 내 미국 기업을 '적성국 자산'으로 분류해 압류한 것은 미국에 선전포고를 하고 1년이 지난 1942년이었으나 경영에는 아무런 문제가 없었다. 미국 정부도 자국 기업이 독일과 거래하는 것을 알고 있었고, 이를 법적으로 제재하려 했다. 바로 '적성국 교역 금지법'이다. 늦었지만 다행이라고 해야 할까? 과연 그럴까?

1942년 이 법이 발의됐을 때 스탠더드 오일은 유명한 말을 남겼다.

"우리가 공급하는 석유가 없다면 미국은 승리할 수 없을 것이다."

제2차 세계 대전을 석유 전쟁이라 부르기도 한다. 석유가 전쟁의 승패를 좌우하는데, 그 석유를 교전국인 독일에게 주겠다는 것이고 실제로 히틀러에게 석유를 공급했다. 당시 스탠더드 오일은 벌금을 조금 문 다음 계속해서 독일에 석유를 공급했다. 정말 놀랍도록 뻔뻔한 행동이 아닌가? 그러나 이 정도는 약과다. 미국 공군의 폭격으로 독일 내 공장이 부서졌다며 전쟁이 끝나고 난 뒤 미국 기업들은 미국 정부에 배상을 요구했고, 미국 정부는 실제로 이를 배상했다. 이 정도면 뻔뻔함을 넘어 블랙 코미디 아닌가?

이런 이야기는 도처에 널려 있다. 1939년까지 GM과 포드의 독일 자동차 시장 점유율은 70퍼센트였는데, 이들은 제2차 세계 대전 내내 전쟁 수행에 필요한 각종 트럭과 자동차를 생산했고, 심지어 탱크와 장갑차까지 납품했다. IBM의 독일 자회사인 데호막Dehomag은 카드 천공기 기술을 독일에 제공했는데, 이 기술을 바탕으로 나치 독일은 유태인을 색출하고 재산을 압수하고 처형하기 위한 자료를 보다 신속하고 정확하게 처리할 수 있는 시스템을 개발했다.

코카콜라 역시 독일에 엄청난 기여를 했는데, 알다시피 독일인의 음료는 맥주였다. 독일에서 맥주는 술이라기보다는 '음료수'로 취급되었다. 그러나 맥주에는 적긴 해도 알코올이 들어가 있고, 마시면 취한다. 나치 독일은 노동자들이 술에 취

1930년대 독일의 코카콜라 광고

하지 않고 더 많이 더 열심히 일할 수 있도록 맥주 대신 콜라
를 권장했는데, 이 덕분에 독일의 콜라 소비는 비약적으로 증
가했다. 1934년에는 독일에서 24만 3000박스가 생산됐는데
1939년에는 450만 박스로 늘어났다. 코카콜라는 만약 독일과
미국이 전쟁을 하게 되면 콜라를 수출할 수 없게 될 것이라 판
단하고 독일 공장에 콜라의 대체재를 개발하게 했는데, 그게
바로 '환타'다.

스탠더드 오일을 비롯한 미국 석유 기업들은 히틀러에게 디
젤유, 윤활유, 고무 등의 전략 물자를 계속 보냈고, 심지어 합
성 석유 기술까지 건넸다. 당시 히틀러의 전쟁 물자를 담당했

던 알베르트 스피어Albert Speer는 "합성 석유가 없었다면 히틀러는 결코 폴란드 침공을 꿈꾸지 못했을 것이다"라고 말했을 정도다.

이들 미국 기업인들은 히틀러가 폴란드를 점령하고 프랑스를 함락했을 때 미국에서 승전 파티를 열 정도로 히틀러에게 호의를 보였다. 이유는 앞에서 설명한 대로다. '빨갱이를 처단하고 기업의 이익을 수호'했기 때문이다. 독일에 진출한 미국 기업들은 노동자들이 쟁의를 일으키면 불과 한 시간도 걸리지 않아 게슈타포가 출동해 모두 제압하고 공장을 정상화시키는 기적을 목도했다. 독일은 기업 하기 좋은 나라였고, 히틀러는 자신들의 친구였다.

그럼 소련은? 그 대척점에 있는 나라였다. 빨갱이의 온상이며, 노동자에게 불온한 사상을 전파하는 악의 축이었다.

전 세계가 대공황이란 거친 파도에 휘청이던 1930년대, 소련은 계획 경제로 이 위기를 극복하려고 했다. 당시 소련은 경제 개발 5개년 계획을 발표하며 착실히 공업화로 들어서고 있었다. 겉으로 드러난 경제 지표만 본다면 '소련의 기적' '스탈린의 성공'이라 해도 부족함이 없는 훌륭한 성과를 보였지만 실상은 좀 복잡했다. 스탈린은 농업을 한쪽 구석으로 내팽개

치고, 소련을 중화학 위주의 공업 국가로 뜯어 고쳤다. 그 와 중에 수많은 농민을 농토에서 끌고 와 공장에 밀어넣었다. 이런 강제적인 집행 뒤에는 수많은 사람들의 희생이 뒤따랐다. 사람들이 죽어나간 것이다. 상황이 이렇게 돌아가자 소련의 사회 분위기는 어수선해졌고, 불만이 차곡차곡 쌓여갔다. 이런 분위기를 감지한 스탈린이 꺼내 든 카드가 바로 '피의 난쟁이' 니콜라이 이바노비치 예조프였다.

"(스탈린에 대한) 정치적 반대는 필연적으로 폭력과 테러로 귀착된다."

예조프가 1935년에 발표한 논문에서 가장 유명한 구절로 스탈린에 대한 그의 충성심을 확인할 수 있을 것이다. 이런 그를 스탈린은 NKVD(인민내무부)의 수장 자리에 앉혔는데, NKVD는 KGB의 전신이라고 보면 된다.

1937년부터 1938년까지 50~75퍼센트의 공산당 고위 간부와 고급 장교들이 처형되거나 시베리아로 유배됐다. 일반 시민까지 포함해 최소 170만 명이 구속되고, 144만 명이 유죄 선고를 받고 시베리아에서 형을 살았으며, 이 중 72만 명이

니콜라이 이바노비치 예조프

처형당했다(NKVD가 대숙청 당시 처형자 숫자를 줄여서 발표했다
는 주장이 신빙성을 얻고 있다. NKVD가 발표한 것보다 최소 두 배 이
상 많다는 주장이 계속해서 나오고 있다). 트로츠키파를 제거하고
나치 독일의 첩자를 색출한다는 명분으로 시작됐지만 규모는
점점 커져갔다.

　동서고금을 통틀어 정권 누수 분위기를 감지한 권력자는
'인사'와 '사정'이라는 카드를 씀으로써 자신의 권력을 지키려
한다. 스탈린의 숙청을 민주주의 정권하에서 순화해서 사용
하는 것이 바로 '사정 정국'이다. 정권 내부나 주변부의 분위
기를 급랭시켜 납작 엎드리게 하는 것이다.

문제는 군대였다. 독재자가 가장 두려워하는 것이 자신의 권력을 위협하는 무력이다. 특히나 볼셰비키 혁명을 통해 사회주의 국가를 건설한 소련은 군대에 대한 특별한 기억을 가지고 있다. 적백 내전 당시 프롤레타리아로 구성된 적군은 초기 직업 군인에게 판판이 깨졌다. 결국 이들은 '프로', 즉 그들이 적대시하던 제정 러시아의 직업 군인을 받아들여 전쟁에서 승리하게 되었다. 문제는 그다음인데, 만약 이 붉은 군대가 사회주의 체제에 반기를 들면 어떻게 할 것인가? 이는 중대한 문제였다. 적백 내전 이후 붉은 군대의 사단장급 이상 고위 장성은 90퍼센트가 제정 러시아군 장교 출신이었다. 대책이 필요했다. 이미 많은 군사 엘리트가 공산당에 가입하겠다며 입당 원서를 내미는 상황에서 어떻게 이들을 통제할 것인가?

이렇게 해서 나온 게 악명 높은 '정치장교'다. 당이 군을 장악해 반란의 싹을 미연에 자르겠다는 것이다. 그리하여 지휘관의 명령이 시행되려면 명령권자인 지휘관과 정치장교의 동의가 필요했다. 소련 군대는 그 시작부터 절름발이 군대를 지향했던 것이다(명령권자가 둘이라면 제대로 작전이 되겠는가?).

이런 상황에서 대숙청이 시작되었던 것이다. 당시 소련군은 군대가 아니었다. 대령에서 원수까지의 지휘관 837명 중

720명을 포함해서 육·해군의 고위 장교 및 정치장교의 45퍼센트가 처형되거나 면직됐고, 소련 군부의 핵심이라 할 수 있는 군사위원회의 고위 장교 85명 중 71명이 처형당했다. 1936년부터 1938년까지 소련군 내부적으로 총 4만 2218명이 숙청됐다. 이런 상황에서 장고봉 전투, 노몬한 전투, 나아가 제2차 세계 대전을 치러야 했던 것이다.

폭력의 에스컬레이터

장고봉 전투는 전형적인 폭력의 에스컬레이터의 모습을 보여준다(노몬한 전투도 마찬가지다). 처음 소련군이 장고봉을 점령하자 일본군은 대단위 부대가 움직일 수 없을 것이라는 자의적 판단을 내리고 조선군 19사단을 투입했다. 여기서 기억해야 할 것이 당시 19사단은 어떠한 중화기(화포 포함)의 지원도 없는 '알보병'이었다는 것이다. 이들은 말 그대로 분전했는데, 19사단 휘하의 75연대는 야습을 가해 소련군 40사단을 격퇴했고, 이후 반격해 오는 소련군을 몇 번이나 막아냈다.

이에 열이 받은 소련군은 1개 군단, 1개 기계화여단, 연해

장고봉

주 항공대까지 동원해 대반격을 했다. 대단한 것은 이 엄청난 화력을 알보병인 19사단이 맨몸으로 받아냈으며, 소련군에 꽤 심각한 타격을 줬다는 것이다. (우리에게 일본군의 모습은 기관총과 중화기로 방비된 참호에 창검 돌격하는 생각 없는 군대로 각인돼 있지만, 원래 일본군은 잘 훈련되고 정신적으로 강건한 소수 정예의 강군이었다. 훗날 태평양전쟁에서 기계화된 미군 앞에 알보병으로 돌격하는 일본군의 모습은 일본의 국력과 공업 생산력 차이에서 비롯된 어쩔 수 없는 선택의 결과이기도 하지만, 장고봉 전투와 노몬한 전투에서 일본 보병이 소련 기계화 부대에 상당한 타격을 입히면서 일본에게 잘못된 자신감을 심어준 결과라고 볼 수도 있다.)

19사단은 장고봉과 사초봉을 지켜내면서 소련군의 진격을 막아냈지만 알보병의 한계를 극복할 수는 없었다. 소련군 역시 마찬가지였다. 압도적인 병력을 동원했지만 일본군에 밀리는 상황에서 수습책을 찾아야 했다. 결국 개전 2주도 안 돼 일본군과 소련군은 각각 526명, 792명의 전사자를 남기고 정전 협정을 맺었다. 그리고 장고봉의 국경선 문제를 정리하게 되었다. 소련군으로서는 치욕의 연속이었고, 일본군으로서는 자신의 실수를 소련군이 덮어준 셈이었다.

미쳐가는 관동군

—

두 차례의 소규모 전투 그리고 759회의 국경선 충돌. 두 번의 전투에서 참패한 소련군의 절치부심. 두 번의 무모한 전투에서 승리한 관동군의 자신감. 그리고 쓰지 마사노부의 재등장.

"국경선이 명확하지 않은 지역에서는 방위사령관이 자주적으로 국경선을 인정하고 이를 제일선 부대에 명시하여 불

필요한 분쟁 야기를 방지함과 동시에 제일선의 임무 달성을 용이하게 할 것."

이게 무슨 소리일까? 바로 '작전의 신' 쓰지 마사노부가 입안한 〈만소 국경 분쟁 처리 요강〉의 제4항 내용이다. 세부 항목을 보면 더 가관이다.

"그 월경을 인정하는 때에는 일시적으로 '소' 영토에 진입하거나 '소' 병사를 만주 영내로 유치, 체재滯在시킬 수 있다. 그때 우리 사상자 등을 '소' 영내에 유치시키는 것에 대해 만전을 기함과 동시에, 힘써서 상대측의 사체, 포로 등을 획득할 것."

간단히 말해서 노몬한 지역에서 소련군과 충돌이 있을 시관동군 마음대로 국경선을 정하고, 소련이 국경선 주장에 이의를 제기할 경우 소련 영토에 진입해 점령하겠다는 작전 계획이다. 이건 아무리 긍정적으로 해석해도 '전쟁'이다. 일개 관동군 작전과의 작전참모가 전쟁을 기획했고(늘 그래왔지만 이번에는 그 스케일이 다르다. 무려 소련을 상대로 전쟁을 하겠다는 계획

관동군 사령부

이다) 그걸 관동군이 인정했다는 것이다.

당시 관동군 사령관인 우에다 겐키치植田謙吉 대장은 이 말도 안 되는 작전을 승인했다. 자신들이 지금 중국과 전쟁을 하고 있는 와중이고 전황이 좋지 않다는 것을 알고 있으면서 또다시 세계에서 가장 큰 영토를 가지고 있는 나라와 전쟁을 하겠다는 계획을 짜고 있었던 것이다. 결국 쓰지 마사노부의 이 망상은 관동군 작전 명령 제1488호로 발효됐고, 해당 부대에 실시 명령이 하달됐다.

여기서 중요한 점은 이 작전이 정식 발효된 날짜가 1939년 4월 25일이었다는 것이다. 노몬한 전투가 벌어진 것이 1939년 5월 11일임을 떠올린다면, 노몬한 전투도 그때까지 관동군이 보여준 행보처럼 관동군이 기획해 전쟁을 시작한 것임을 확인

우에다 겐키치

할 수 있다. 즉, 국경에서의 우발적인 충돌이 아니란 것이다.

시작은 몽골군의 선공으로 시작됐다. 몽골 기병 90명이 5월 11일 만주국군 주둔지를 기습했는데(항상 있었던 소규모 국경 충돌이었다) 이것을 빌미로 관동군이 들고 일어난 것이다. 작전의 신이 만든 〈만소 국경 분쟁 처리 요강〉을 금과옥조로 받든 관동군은 만주국 기병을 포함해 2000명의 병력을 이끌고 공격에 나섰고, 이에 질세라 소련군도 1500명의 병력을 집결시켜 반격에 나섰다. 병력 수는 일본군이 많은 것 같지만, 화포와 장갑차의 숫자는 소련군이 많았다. 처음에는 일본군이 수적 우위를 바탕으로 소련군 방어선을 돌파한 듯 보였지만, 곧 소련군은 화력과 기동력의 우위를 바탕으로 일본군을 우회 포위해 섬멸 작전에 들어갔다.

이때 등장한 것이 일본 대본영이었다. "중국 전선이 전개된 상황에서 소련과의 전쟁은 불가하다! 전선을 이중화했다가는 향후 전쟁 수행에 치명적인 위협이 될 수 있다." 지극히 상식적인 판단이었다. 결국 1939년 6월 1일 전선은 소강상태로 접어드는 듯했다. 이때 다시 '작전의 신'이 등장했다. 육군성 참모본부와 대본영이 수차례 연락을 해 "전선 확대 불가! 소련과의 충돌을 회피하라!"라고 명령했으나 관동군, 아니 쓰지 마사노부는 이를 무시했다. 그는 지상전에서 밀리는 전세를 공중전으로 만회하려고 했다. 국경선에서의 지상전은 애써 포장하면 '우발적인 충돌'이라고 말할 수 있겠지만, 전투기와 폭격기를 동원한 소련 영토에 대한 공격은 변명의 여지가 없는 '전쟁'이었다.

쓰지 마사노부는 관동군 사령관인 우에다 겐키치가 외출한 틈을 타 대규모 항공 작전(전투기 77대, 폭격기 30대 동원)을 승인했다. 물론 사령관과 부사령관의 서명은 날조됐다. 그 결과 6월 27일 일본 전투기와 폭격기는 소련 영토인 (국경선에서 100~120킬로미터 떨어진) 마두트, 탐스크 공군기지에 대한 기습 공격에 나서게 된다. 이 정도면 '막장'이란 말이 나오는 게 정상이다.

소련, 일어서다

—

1939년 6월 27일 일본의 항공 작전을 목도한 소련은 그야말로 호떡집에 불난 상황이 됐다. 그동안의 패배, 목구멍에 가시처럼 박혀 있는 과거 러일전쟁의 패배가 소련의 분노에 기름을 부었다. 실질적인 이유도 있었다. 만약 일본군이 계속 치고 올라오면 시베리아가 위험해지기 때문이었다.

소련은 비장의 카드를 꺼내들었다. 바로 게오르기 주코프였다. 제2차 세계 대전 당시 소련을 구해낸 상승常勝 장군! (늘 이긴 건 아니었다. 소련이 무너진 뒤 해제된 기밀문서를 보면 주코프도 진적이 있었다.) 당시 주코프는 아직 전투를 치러보지 못했지만

게오르기 주코프

그 능력은 이미 인정받은 상황이었다. 전임 사령관인 니콜라이 페클렌코를 내리고 주코프 카드를 꺼내 든 소련은 제대로 힘을 써보려 했다. 당초 주코프가 원했던 병력의 두 배 이상을 주코프에게 안겨줬다. 1개 차량화 보병사단, 2개 보병사단, 1개 차량화여단, 2개 기갑여단, 2개 기계화여단, 4개 포병연대, 2개 항공여단, 6개 항공연대 등 약 5만 7000명의 병력으로 구성된 소련군은 일본군을 박살내겠다고 이를 갈았다.

이에 반해 일본군은 1차 공격 때의 23사단에 군 직할 2개 전차연대, 그리고 히든카드라 불리는 7사단을 증파했다(여기에 센다이 2사단과 오사카 4사단을 추가했지만, 2사단은 투입과 동시에 궤멸됐고, 4사단은 지지부진하게 진격 속도를 늦춰 전투가 끝난 뒤에야 전선에 도착했다). 아무리 긍정적으로 봐도 일본군은 소련군을 도저히 이길 수 없는 상황이었다. 장비와 화력, 기동력 면에서 일본군은 어느 하나 우위를 점한 게 없었다. 예컨대 23사단의 경우 병력 대부분이 도보로 전선까지 이동해야 했는데(무려 230킬로미터) 차량과 말이 부족했기 때문이었다. 화포의 경우는 더 안타까운데, 사단을 통틀어 대포는 고작 76문이었고 이 중 100밀리미터가 넘어가는 대구경 포는 10문도 안됐다. 더 놀라운 사실은 이들은 대전차포가 없었다는 것이다. 탱크 앞에 총검 돌격하라는 소리였다.

　이런 상황에서 관동군은 특유의 '삽질'을 하는데, 공세의 주축으로 정예 7사단을 쓰지 않고 23사단을 계속 고집했던 것이다. 신병으로 구성된 23사단은 전투력 면에서 7사단에 한참 밀렸고 장비도 열세였다. 7사단은 차량화연대와 공병연대도 배치돼 나름 기계화사단 흉내라도 냈지만, 23사단은 대전차포조차 없었다. 그럼에도 23사단을 공세의 주축으로 고집한 것은 사령관인 우에다 겐키치의 고집 때문이었다. 1차 충돌 때 굴욕을 당한 23사단에게 설욕할 기회를 줘야 한다는 것이었다.

　아무리 생각해도 이해가 안 갈 것이다. 그런데 그 일이 실제로 일어났다. 당시 일본군은 이 정도면 소련군을 공격하는 데 충분할 것이라는 자신감에 7사단의 증파도 반려할 정도였다. 도대체 왜 이런 무모한 짓을 한 걸까? 일본군이 내세운 이유는 크게 세 가지였다. 첫째, 당시 일본군은 소련군 병력을 1개 보병사단, 2개 기갑여단 수준으로 파악했다. 둘째, 공중전이 일본군에게 유리하게 이어지고 있었다. 셋째, 당시 일본군 전선과 철도 사이의 거리는 230킬로미터였지만 소련군은 전선과 철도 사이의 거리가 750킬로미터라서 병력 증파에서 일본군이 유리하다.

하지만 하나도 맞는 게 없었다. 소련군 병력에 대해서도 오판했고, 공중전 역시 소련군이 대대적으로 공격하겠다고 결심한 순간부터 공군의 질이 확 달라졌다. 몽골 항공대조차 구식 복엽기 대신 I-15 같은 단엽기로 기종을 전환한 상태였다. 철도까지의 거리도 무의미했던 게 소련군은 기계화와 더불어 압도적인 보급으로 일본군을 압박한 반면, 일본군은 고질적인(의도적인 무시지만) 보급 체계 문제 때문에 상당한 곤란을 겪어야 했다. 이런 상황에서 일본군은 소련군에 도전장을 내민 것이다.

07

일본의 패배

일본군 23사단의 돌격을 소련군은 압도적인 포병 화력으로 밀어냈다. 소련군의 압도적인 포병 화력과 기갑 전력이 일본군 보병을 덮쳤고, 일본군은 총검을 착검하고 전차로 돌격했다. 물론 전선 여기저기서 일본군이 분전했지만 대세에 영향을 끼치지는 못했다.

주코프는 제2차 세계 대전 내내 자신의 주특기로 사용했던 '굳히기 이후 크로스카운터' 전법을 노몬한에서 완성하게 되었다. 어쩌면 관동군은 주코프의 훌륭한 교보재였는지도 모른다. 주코프는 압도적인 화력으로 일본군의 공격을 착실히 분쇄한 후 차곡차곡 유럽에서 달려온 증원 병력을 모으며 반격 작전을 준비했다. 그리고는 3년 뒤 스탈린그라드에서 다시 한 번 성공시킨 양익 포위로 일본군을 포위했다. 결국 타격을 입고 궤멸한 일본군은 처음 공격을 개시했던 국경선 쪽으로 밀려났고, 소련군도 노몬한에서 멈춰서면서 전투는 끝이 났다.

주코프가 전쟁사에 처음 이름을 올린 노몬한 전투는 소련군의 승리로 끝났지만 사실 소련군 사상자 수도 만만치 않았다. 거의 일본군에 맞먹을 정도로 사상자가 나왔는데, 상당 부분 주코프의 책임이었다. 당시 주코프는 조급한 마음에 증원 병력을 축차투입하거나 전차를 보병 없이 단독 진격시키는 등의 실수를 범했고, 이 틈을 노린 일본군이 소련군을 도륙하기도 했다. 데뷔 전의 옥에 티라고나 할까? 그럼에도 주코프 개

BT-7 탱크를 앞세워 공격하는 소련군

인에게 노몬한 전투가 갖는 의미는 대단히 크다. 노몬한의 실수로 단련된 주코프는 독일군과의 전투에서 괴력을 발휘하게 된다.

전투를 멈춘 소련, 정신 못 차린 일본

—

주코프가 수비에서 공세로 방향을 선회한 것은 1939년 8월 20일이었다. 뭔가 생각나는 게 없는가? 1939년 9월 1일 독일이 폴란드를 침공하면서 제2차 세계 대전이 발발했다. 그리고 9월 17일 소련도 폴란드에 진출해 독일과 사이좋게 폴란드를 반으로 갈라 먹는다. 한마디로 말해 소련은 더 이상 극동에 신경 쓸 여력이 없다는 것이다.

일본군 역시 전력을 모두 소진한 탓에 더 이상 소련과 싸울 수 없었다. 그야말로 소련에게 탈탈 털렸던 것이다. 그럼에도 정신을 못 차린 관동군은 증원 병력으로 온 7사단, 2사단, 4사단으로 '전사자 수용을 위한 한정 작전'이라는 '미친 짓'을 계획했다. 전사자 수용은 핑계이고 소련과 계속해서 전쟁을 하겠다는 것이다.

포로로 잡힌 일본군

이에 놀란 일본 본토의 대본영은 나카지마 테츠조^{中島鉄蔵} 참모차장을 파견해 관동군 사령부를 말리려 했는데, 이 참모차장 역시 관동군 사령부의 논리에 휘말려 작전을 지지하고 나서게 되었다. 열이 받은 대본영은 연락장교를 보내 작전 중지 명령을 내렸고, 그제야 관동군의 '미친 짓'은 멈추게 되었다. 이후 대본영은 관동군 사령관을 비롯해 참모부, 23사단 사단장과 대본영에서 파견한 참모차장까지 줄줄이 옷을 벗겼다. 이제야 정신을 차렸다고나 할까?

노몬한 전투가 남긴 것

—

러일전쟁 이후 일본 육군의 주적은 러시아(소련)였다. 그러나 노몬한 전투 이후 일본은 30년이나 준비했던 대소련 전략을 포기하게 된다. 소련은 너무 강했다. 러일전쟁은 몇 개의 행운이 겹쳐지면서 얻은 기적이었다. 그러나 소련은 달랐다. 대공황 시기 급속한 공업화는 안 그래도 격차가 벌어져 있던 양국의 국력 차이를 몇 배나 더 벌려놓았다. 인구, 공업생산력, 영토, 자원 등등 모든 면에서 소련은 일본을 압도했다.

더 대단한 것은 그다음이다. 제2차 세계 대전 당시 미국이 소련에 원조한 전쟁 물자가 독일이 전쟁 내내 생산해낸 전쟁 물자보다 많았다는 사실을 떠올려보자. 예컨대 미국이 소련에 제공한 트럭은 전쟁 기간 내내 독일이 생산한 트럭의 수와 비슷하거나 조금 더 많았다. 제2차 세계 대전 당시 미국이 태평양 전선에 투입한 전쟁 물자는 대서양 전선에 투입한 양의 5분의 1 수준이었다(10퍼센트대라는 의견도 있다). 그런데 그 전쟁 물자만으로도 일본을 압도했다면 전쟁은 이미 시작도 전에 끝났다고 봐야 하지 않을까? 하지만 노몬한 전투 이후 소련에 대한 두려움을 뼛속 깊이 각인한 일본은 어처구니없게

도 소련보다는 만만한(?) 미국을 치겠다는 생각을 품게 된다. 국제정치학적으로 봤을 때 당시 일본의 행보는 상식적으로 이해가 되지 않는 행보였다.

일본이 진주만 공습으로 태평양전쟁을 일으킨 뒤 독일은 삼국 동맹을 이유로 미국에 선전포고를 했다. 그런데 독일이 소련을 침공했을 때 일본은 소련을 공격하지 않았다. 이 덕분에 1941년 겨울 모스크바를 놓고 소련과 독일이 백척간두의 승부를 벌일 때 소련은 일본 방면에 있던 병력을 빼내 모스크바 방어전에 투입할 수 있었다(1941~1944년에 소련은 극동 전선에 있던 25만 병력을 서부 전선으로 빼와 독일과의 전투에 밀어 넣었다). 동부 전선에서 히틀러가 유일하게 승기를 잡을 수 있었던 기회를 일본이 망친 것인지도 모른다. 일본이 아니었어도 전략적으로 히틀러가 '삽질'한 것은 사실이지만, 결과적으로 일본이 독일 대신 소련을 도왔다는 것은 역사적 사실이다.

물론 외교적으로 따져봐야 할 부분이 있다. 노몬한 전투 이후 일본은 심각하게 소련의 위협을 고민하게 됐다. 군부의 남방공략파와 북부공략파 사이의 다툼은 옛말이 돼버렸다. "소련과 싸우면 안 된다." 사람은 자신의 경험에 근거한 학습을 맹신하게 된다. 게다가 그 학습이 피로 점철된 죽음의 교육이라면 더더욱 그러할 것이다. 이제 일본 군부에서 소련과 싸우 겠다는 말은 쑥 들어가게 됐다. 향후 일본이 싸워야 할 곳은 북쪽이 아니고 남쪽이란 공감대가 형성됐다. 상황이 이렇게 돌아가니 '소련을 어떻게 해야 할까'라는 난제가 남게 됐다.

일본 혼자서 소련과 맞붙어 싸워 이길 확률은 0퍼센트나 다 름없었다. 그렇다면 믿을 건 동맹국뿐인데, 철석같이 믿었던 독일이 1939년 8월 23일 독소 불가침 조약을 체결했고, 그로 부터 얼마 뒤 사이좋게 폴란드를 갈라 먹었다. 일본으로서는 충격과 공포였다. 독소 불가침 조약이 일본에 안겨준 충격은 상상 이상이었다. 만약 소련과 일대일로 맞붙는다면 일본은 질 것이다. 현재(1939년) 일본은 중국 전선에서도 허우적거리 는데 중국보다 훨씬 크고 강대한 소련을 상대한다? 일본 군부 는 러일전쟁 이전의 러시아를 떠올리며 불안에 휩싸였다. 그 렇다고 수세적으로 버틸 수만은 없었다. 조만간 일본은 어딘 가로 쳐들어가 또 전쟁을 일으켜야 한다('남방 자원 지대'라고 부 른 서구 열강의 식민지). 만약 그사이 북쪽의 소련이 치고 내려온 다면 일본은 사면초가에 몰릴 것이다.

그리하여 1939년 이래로 일본은 줄기차게 소련에 구애를 했다. 독소 불가침 조약에 준하는 협정을 소련과 맺겠다는 것

독소 불가침 조약에 서명한 후 악수하는 스탈린과 리벤트로프 독일 외무부 장관(1939년 8월 23일)

이다. 1940년 5월과 6월 일본은 소련에게 불가침 조약을 제안했다. 당시 일본은 몸이 달아올랐다. 프랑스가 독일에 항복한 상황에서 무주공산이 된 남방 자원 지대로 진출해 하루빨리 이 지역을 접수해야 했던 것이다. 그러기 위해서는 북쪽의 위협을 제거해야 했다. 결국 1940년 8월 소련은 일본의 접촉에 응했다. 협상이 시작된 것이다.

문제는 이때부터였다. 당시 일본은 독소 불가침 조약에 준하는 불가침 조약을 원했다(실제로 일소 중립 조약은 독소 불가침 조약을 그대로 베낀 조약이라고 봐도 무방하다). 그러나 소련은 신중했다. "지금 독일과 불가침 조약을 맺었는데, 일본과 또다시 불가침 조약을 맺는다면 서구 열강이 소련에 의구심을 품을 것이다." 소련으로서는 당연한 고민이었다. 소련이 떠오르는 신성이자 국제 사회의 말썽꾸러기인 독일과 불가침 조약을 맺음으로써 히틀러는 배후에 대한 두려움 없이 마음껏 유럽을 농락했다. 만약 소련이 일본과도 불가침 조약을 맺는다면, 일본 역시 동아시아 지역을 마음껏 농락할 것이다. 아울러 이 양국과 불가침 조약을 맺은 북구의 패자 소련 역시 서구 열강을 압박할 수 있을 것이다.

소련은 불가침 조약이 아니라 중립 협정을 제안했다. 그러나 일본은 이런 중립 협정에 만족할 수 없었다. 끈질기게 소련에 달라붙은 일본은 이 불가침 조약이 서로의 이익에 도움이 될 것이라고 설파했다. 일본이 내몽고와 만주국을 포함해 중국 북부 3성에 대한 전통적 이해관계를 인정받고 프랑스령 인도차이나와 네덜란드령 동인도의 권리를 소련으로부터 인정받는 대가로 소련이 아프가니스탄과 페르시아(이란)로 진출하는 것을 인정하겠다는 것이다. 이로써 양국의 이해관계는 일치하게 됐고, 1941년 4월 13일 역사적인 일소 중립 조약이 체

일소 중립 조약의 체결(스탈린과 일본 외무장관 마쓰오카)

결됐다. 이제 일본은 배후에 대한 두려움 없이 남방 지대로 진출할 수 있게 됐다.

하지만 국제정치에서 조약이란 최후의 순간에는 공허한 메아리일 뿐이다. 역사적으로 평화 조약의 평균 유지 기간은 2년 남짓이다. 히틀러와 스탈린이 체결한 독소 불가침 조약도 2년을 채우기 전에 파기됐고, 일소 중립 조약도 한 번 위기가 있었다. 바로 독소 불가침 조약이 파기된 다음이었다. 바르바로사 작전으로 독일이 소련을 침공하여 파죽지세로 소련 영토를 치고 들어가자 관동군이 다시 들썩이기 시작한 것이다.

"지금이 기회다. 독일과 함께 양쪽 전선에서 소련을 치고 들어간다면 낙승이다!" 그러나 이런 움직임은 곧 잦아들었다. 당시 일본의 상황, 노몬한 전투의 기억이 일본의 발목을 잡았던 것이다.

"노몬한 전투 때 소련군의 실력을 보지 않았는가? 독일과의 전투에서 밀리고 있다지만 역시 소련은 소련이다."

"지금 우리에게 필요한 것은 석유와 고무다. 우리가 소련의 배후를 치고 들어가 시베리아를 확보한다고 하더라도 그곳에서는 석유와 고무가 나오지 않는다. 지금 일본에게 필요한 것은 전략 자원인 석유와 고무를 확보할 수 있는 남방 지대의 확보이다."

"시베리아의 추위를 생각해보라. 지금 진출해 그곳을 공략한다 하더라도 쉽게 점령할 수 없을 것이다."

지극히 상식적인 판단이라고나 할까? 물론 1941년에 일본이 작정하고 극동 전선에서 치고 올라갔다면 역사는 바뀌었을지도 모른다. 1941년 12월 소련은 풍전등화의 위기에 처해 있었다. 서구 열강은 소련이 곧 무너질 것이라고 예측했다. 역사에 '만약'이란 가정법을 넣고 싶은 순간이다.

어쨌든 조약 체결 전후로(독소 불가침 조약이 파기된 이후에도) 스탈린은 일본과 달리 조약 준수에 대한 강렬한 의지를 불태웠다. 극동 지역의 소련군 장성들에게 만주와 몽골 국경에서 일본군과의 충돌을 극력 회피하라는 명령을 내렸고, 만약 일본이 선제공격을 한다면 극동의 소련 태평양 함대는 북쪽으로 후퇴한다는 계획도 짜두고 있었다. 왜 그랬을까?

당시 스탈린은 히틀러가 프랑스를 침공해 전쟁을 일으킨다면 제1차 세계 대전 때처럼 프랑스와 독일이 지지부진하게 싸우다 둘 다 지칠 것이라고 생각했다. 그때 소련이 그 둘을 모두 제압하겠다는 것이 스탈린의 복심이었다. 실제로 그 생각을 실천에 옮기기 위해 소련군은 현대화 작업에 박차를 가하고 있었다. 그런데 프랑스가 단 6주 만에 독일에 무릎을 꿇으면서 스탈린의 계획이 어그러진 것이다. 이제 유럽에서 스탈린과 소련을 지켜줄 수 있는 것은 '독소 불가침 조약'이라는 종이 한 장뿐이었다. 이런 상황에서 일본과의 충돌은 최악의 시나리오였다.

물론 위기도 있었다. 미국의 참전 이후 루스벨트는 소련에게 일소 중립 조약의 파기를 요구했다. 당시 미국은 소련의 생명줄이었다. 1941년 11월부터 미국은 무기 대여법을 통해 100억 달러 이상의 무기와 탄약, 식량, 군화, 트럭 등을 지원했다. 그럼에도 불구하고 스탈린은 좀처럼 반응을 보이지 않았다. 스탈린의 줄타기 외교는 아직 일본이 쓸모가 있다는 쪽으로 기울어 있었다. 덕분에 일본도 상당한 이득을 봤다. 태평양전쟁 기간 내내 일본은 소련으로부터 4000만 톤의 석탄, 1억 4000만 톤의 목재, 5000만 톤의 철, 1000만 톤의 어류와 금을 공급받았다. 소련은 미국의 도움을 받아 독일과의 전쟁에서 승리했지만 그사이 소련은 미국과 싸우는 일본을 도왔던 것이다. 이것이 국제정치의 본질이다.

08

일소 중립 조약의 파기

이 책의 결론을 미리 내리는 것은 아니지만 일소 중립 조약에 관한 이야기가 나온 마당에 국제정치의 본질을 확인하고, 또 당시 일본 군부의 외교 이해 수준을 확인하기 위해서 일소 중립 조약의 파기 과정에 관해 이야기해보려 한다.

일본이란 카드를 쥔 스탈린

—

1941년 12월 소련은 풍전등화의 위기에 처했다. 독일군은 모스크바 근방 80킬로미터 앞까지 진격해왔고, 국제 사회는 소련이 곧 히틀러의 손에 떨어질 것이라 보았다. 이런 상황에서 연합국은 소련에 엄청난 지원을 했다. 미국은 무기 대여법으로 100억 달러 상당의 각종 무기와 물자를 보냈고, 영국도 자신에게 할당된 미국의 무기뿐 아니라 자신들의 전쟁 물자까지 소련에 보냈다.

독소 불가침 조약이 체결되고 유지된 기간은 불과 17개월이었다. 그사이 독일은 프랑스를 점령하고 영국과 전쟁을 벌이고 있었다. 독일 공군의 전투기는 런던 상공에서 항공전을 치르고 있었고, 독일 유보트는 대서양에서 영국 상선을 격침하고 있었다. 이 기간 동안 스탈린은 히틀러에게 석유 86만 5000톤, 목재 64만 8000톤, 망간 원석 1만 4000톤, 구리 1만 4000톤 그리고 거의 150만 톤에 이르는 곡물을 보냈고, 독일이 구매하지 못했던 다른 원료나 물자를 미국이나 일본 등지에서 대신 구매하여 넘겼다. 이것도 모자라 소련은 독일이 영국 본토 항공전을 치르는 동안 기상 정보까지 제공했고, 소련 해군은 쇄빙선과 함께 무르만스크 부근의 해군 기지 하나를 제공해 독일 해군 무장 상선의 재급유를 도왔다.

그럼에도 불구하고 소련과 독일이 전쟁을 시작하자 미국과 영국은 두 팔 걷어붙이고 소련을 지원했다. 한때는 자본주의 세계를 위협하는 '빨갱이'라며 소련이란 나라가 건국되기 전부터 이 나라를 없애기 위해 내전을 지원했고 이후에도 수많은 외교적 압박과 국제적 고립을 유도했던 그들이 방금 전까지 자신들의 적을 도왔던 소련을 지원하기 시작한 것이다. '적의 적은 친구'였다.

물론 여기에는 스탈린의 노련한 외교 감각도 한몫했다. 루스벨트가 무기 대여법을 통해 물자를 지원하면서 스탈린에게 요구했던 한 가지는 '일소 중립 조약의 파기'였다. 아니, 파기까지는 아니더라도 의도적인 무시를 원했지만 스탈린은 요지부동이었다. 스탈린은 자신의 위치를 알고 있었고, 국제정치에서 소련이 어떤 위치에 서 있는지도 알고 있었다. 일본이란 카드는 아직 버리기 아까운 카드였다. 적어도 1945년 2월까지는 말이다.

일본의 착각

1944년 말, 1945년 초 일본은 패전 직전의 상황까지 몰렸다. 일본 본토에서 B-29 폭격기의 은빛 날개가 보이기 시작했고, 해상 항로는 미국 잠수함이 깔아놓은 기뢰와 어뢰 공격으로 전쟁 물자뿐 아니라 병력의 이동도 제한받게 되었다.

알타 회담(좌로부터 영국의 처칠, 미국의 루스벨트, 소련의 스탈린)

　그 무렵 미국, 영국, 소련의 정상들이 크림 반도의 알타에서 회담을 가졌다. 독일 패망 직전인 1945년 2월의 일이었다. 이들 삼국 정상은 독일의 패망 이후 유럽의 전후 처리와 소련의 대일전 참전을 논의하기 위해 모였다. 이때 루스벨트는 소련의 대일전 참전을 대가로 소련이 러일전쟁 당시 잃어버린 만주 일대와 남사할린 섬의 반환, 쿠릴 열도의 이양 등을 약속했다. 스탈린은 독일 항복 이후 2~3개월 뒤 대일전 참전을 약속했다. 당시 일본 지도부는 이 사실을 모르고 있었다. 그럼

그때까지의 일본은 어떤 상황이었을까?

시시각각 다가오는 미국 기동 함대의 그림자 속에서 일본이 유일하게 희망으로 삼고 있었던 것은 일소 중립 조약이었다. 얄타에서 스탈린, 처칠, 루스벨트가 전후 처리와 대일전 참전을 논의할 즈음 일본 대본영에서는 이후에 길이 남을 그들만의 계획을 준비하고 있었다. 바로 이후 지켜야 할 전쟁 지도 요강이었다. 그 핵심은 간단했다.

"본토도 결전 태세를 확립하여 끝까지 전쟁을 완수하라!"

당시 일본 육군은 본토 결전에서 그때까지의 열세를 만회하여 종전 협상까지 끌고 가겠다는 생각이었다. 이런 이유로 그들은 무슨 수를 쓰든 단 한 번의 승리, 본토 결전을 통한 전세 역전에 목매달게 되었다.

이때 핵심이 됐던 것이 소련과의 외교 관계 유지였다. 즉, 일소 중립 조약의 유지였던 것이다. 원래 일소 중립 조약은 1941년 4월 13일 발효된 뒤 5년 동안 유효했고, 향후 상대방이 이의를 제기하지 않을 경우 자동으로 5년 연장하기로 되어 있었다. 문제는 당시 일본의 상황이었다. 태평양 전선에서 미국에게 판판이 깨지며 후퇴하고 있는 일본을 보면서 소련이 어떤 생각을 하고 있었을까? 단순히 '의리'만으로 끝까지 받아줄까? 만약 그 이전의 외교 관계가 좋았어도 불가능했을 것이다. 일본은 소련이 조약을 파기할까 두려웠다.

당시 주소련 특명대사였던 사토 나오타케佐藤尚武는 일본의 명운을 걸고 일소 중립 조약의 연장을 위해 뛰어들어야 했다. 하얼빈 총영사, 국제연맹 사무국장, 런던 해군 군축 조약 사무총장, 프랑스 특명전권대사, 외무대신 등등을 역임한 그는 국제정치 무대에서 번번이 활약해온 외교통이었다. 그런 그가 태평양전쟁 개전 직후인 1942년부터 주소련 특명대사로 모스크바에 파견되었다. 당시 일본 지도부도 소련과의 관계가 이번 전쟁의 성패를 가늠할 것이라고 판단했던 것이다.

만약 1942년의 상황이었다면 소련은 조약 연장을 인정했을지도 모른다. 그러나 1945년 2월 22일의 상황은 달랐다. 사토 나오타케는 당시 소련 외상인 몰로토프와 만나 중립 조약 연장을 요청했으나 몰로토프는 모호한 반응을 보였다. 이미 스탈린이 대일전 참전을 약속한 상황이었다. 아니, 그 이전에 소련 외무부는 일본과의 관계를 정리할 생각이었다.

1944년 7월 주일 소련 대사 마리크는 몰로토프에게 "일본의 패전은 불 보듯 뻔하다. 전후 예상되는 미소 간의 대립을 염두에 둔다면 만주, 조선, 쿠릴 열도 등을 잃어버리는 것은 우리나라의 이익과 안전에 있어 중요한 문제다"라고 보고했다. 그리고 1945년 1월 10일 소련 외무부 차관 도조프스키는 몰로토프 외상에게 의견서를 제출했다. "일소 중립 조약의 연장은 소련에게 결코 이득이 될 수 없음. 4월까지 조약 폐기를 일본에 통보해야 함." 소련은 일본을 버릴 준비를 하고 있었다.

이 대목에서 생각해봐야 할 것이 당시 일본의 외교 정책이 어디서 나왔느냐 하는 것이다. 국제연맹을 탈퇴한 직후부터 일본은 독일 일변도의 외교 정책을 펼쳤다. 이를 주도한 것은 군부였다. 1936년 체결한 (소련을 가상 적국으로 한) 독일 방공 협정의 배후에는 일본 군부가 있었다. 여기서 주목해야 할 인물이 한 명 등장한다. 당시 독일 주재 육군 무관이었던 오시마 히로시大島浩다.

독일! 독일! 독일!

어릴 때부터 독일인으로부터 독일어를 배운 오시마 히로시

오시마 히로시

는 원어민 수준의 독일어를 구사했는데, 육군대학 졸업 후인 1923년부터 1924년까지 부다페스트와 오스트리아 빈에서 주재 무관으로 지냈다. 당시 그는 히틀러의 외교 담당 비서였던 리벤트로프Ulrich Friedrich Wilhelm Joachim von Ribbentrop와 친구가 되었으며 이 친분을 바탕으로 히틀러와도 친해지게 되었다. 독일과 체결한 방공 협정, 삼국 동맹은 그가 없었다면 불가능했을 것이다.

솔직히 말해 그가 일본의 무관이 됐다는 것은 추축국에게는 악몽이고, 연합국에게는 축복이었다. 그가 없었다면 연합국은 제2차 세계 대전 동안 더 많은 피를 흘려야 했을 것이다.

오죽하면 대전 당시 미국의 육군 참모총장을 지냈던 마셜 원수가 그를 두고 "히틀러의 의도에 관한 정보의 기초적 원천"이라고 말했을까? 그는 1940년 미국에 의해 뚫린 퍼플 암호기를 가지고 일본 본국에 정보를 타전했는데, 자신이 히틀러와 나치 고위 간부에게 얻은 자료들을 그대로 보냈다. 그는 미드웨이, 사이판, 스탈린그라드, 임팔 전투 등에 관한 중요 정보를 계속해서 보냈는데, 압권은 1943년 11월 히틀러가 연합군의 제2전선을 방비하기 위해 만든 대서양 방벽의 병력 배치도를 일본 본국에 타전한 것이었다. 이를 연합국이 낚아채 노르망디 상륙 작전 계획을 짰던 것이다.

어쨌든 1940년의 오시마 히로시는 일본 군부의 영웅이었다. 그토록 바라 마지않던 독일과의 동맹을 성사시킨 일등공신이었다. 이제 일본은 영국 대신 독일이란 든든한 파트너를 얻게 된 것이다.

여기서 다시 한 번 일본 외교의 한계를 경험하게 된다. 아니, 군부의 입맛대로 흘러갔다고 해야 할까? 브레이크를 뽑아냈다는 것이 적확한 표현일 것이다. 바로 마쓰오카 요스케松岡洋右의 등장이다.

마쓰오카 요스케는 미국 오리건 주 포틀랜드로 건너가 미국에서 고등학교와 로스쿨을 졸업한 후 일본으로 돌아와 외교관이 되었다. 18년간 승승장구하던 그는 1921년 퇴직 후 남만주 철도 회사의 간부로 변신하였다. 이후 만철에서 퇴사하고 중의원 선거에 출마해 당선되었다. 그는 1933년 만주사변을 일으키고, 이후 만주국 건국에 따른 국제 여론의 악화를 빌미로 국제연맹 탈퇴를 주도했다. 그러고 나서는 의원직을 사퇴하고 다시 만주로 건너가 남만주 철도의 총재가 되었다. 이때 그가 만난 이가 관동군 특무장교였던 도조 히데키였다(아, 가혹한 운명이여). 이 둘은 급속도로 가까워졌고, 이후 고노에 후미마로의 2차 내각에서 마쓰오카 요스케는 외무대신이 되었다. 그는 외무대신이 되자마자 외교 쇄신이란 명목하에 자신의 생각과 맞지 않는 외교관 40명을 한꺼번에 경질해버렸다.

당시 마쓰오카 요스케의 생각과 맞지 않는다는 건 어떤 의미였을까? 그는 삼국 동맹의 열렬한 지지자였다. 일본이 중국을 침략한 상황에서 미국의 압박을 견뎌내려면 삼국 동맹이라는 든든한 지원군이 있어야 한다는 것이 그의 생각이었다. 그는 독일을 사랑했고, 독일만이 일본의 활로를 뚫어줄 것이라 믿어 의심치 않았다. 일본 군부는 그런 그를 사랑했다. 그리고 히틀러도 그를 사랑했다. 소련과의 전쟁을 시작한 히틀러는 일본에게 소련을 공격해 달라고 요청했는데, 당시 그 요청을 강력히 지지했던 이가 바로 마쓰오카 요스케였다. (어쩌면 마쓰오카의 판단이 옳았을 수도 있다. 1941년 가을의 동부 전선 전황을 봤을 때 그나마 소련과 미국 둘 중 하나를 고르라면 소련이었다. 최악과 차악 중 하나를 고르라면 당연히 차악이지 않을까?)

마쓰오카 요스케의 행보를 보면 그가 과연 일국의 외교를 총괄하는 외무대신인가 하는 의문이 든다. 외교관이라면 최후의 순간까지 상황을 냉철히 판단해 국익에 도움이 되는 최선의 결과를 도출해내야 할 의무가 있다. 그런데 마쓰오카 요스케는 군인보다 더 강경하게 전쟁을 주장했다. 당시 내각 수반이었던 고노에 후미마로는 고민에 휩싸였다. 마쓰오카 요스케는 소련을 공격하자는 입장이었고, 당시 일본 군부는 남방 작전, 즉 네덜란드령 동인도를 포함한 자원 지대의 공략을 주장하던 상황이었다. 결국 고노에 후미마로는 군부의 손을 들어주었고, 마쓰오카 요스케를 경질하기 위해 내각을 해산해버렸다.

이 대목에서 우리는 한 나라의 외교 정책이 어느 일방에 경도돼 진행되는 것의 위험성을 확인할 수 있다. 당시 일본은 군부의 주도로 국가가 운영되던 상황이었는데, 외교도 예외는 아니었다. 당시 일본 군부는 국제 사회에 화려하게 등장한 히틀러와 나치 독일에 열광했고, 이를 통해 전쟁을 할 수 있다는 생각에 흥분해 있었다. 그리고 모든 것을 독일에 걸었다. 허나 한 나라의 외교는 이런 식으로 진행돼선 안 된다. 언제나 그렇지만 전쟁은 시작하는 것보다 끝내는 것이 더 어렵다. 그런 의미에서 외교란 전쟁과 떼려야 뗄 수 없는 관계이다. 최후의 외교 수단이 전쟁이라면, 그 전쟁을 끝낼 수 있는 수단도 외교인 것이다. 그러나 일본 군부는 태평양전쟁이 끝나는 그 순간까지 독일 위주의 외교를 생각하고 있었다.

일소 중립 조약이 파기되던 순간
—

전쟁은 최후의 외교 수단이라고 말한다. 그렇다면 종전은 어떤 의미일까? 전쟁이 최후의 외교 수단이기에 종전 역시 외교적인 노력의 결실인 것이다.

태평양전쟁을 시작할 때 일본 군부는 이 전쟁을 어떤 식으로 끝맺을 것인지에 대해 구체적인 생각이 없었다. 영화《연합함대 사령장관 야마모토 이소로쿠》를 보면 야마모토 이소로쿠가 태평양전쟁을 '강화'로 끝내겠다고 하는 장면이 나온다. 미국을 상대로 이길 순 없으니 최대한 많은 피해를 입혀 종전 협상에 들어가자는 것이다. 그러나 이건 어디까지나 영화상의 이야기다. 그렇다면 일본 전쟁 지도부의 생각은 어떠했을까?

태평양전쟁 개전 직후 대본영이 정리한 전쟁 종결 방안은 "미국을 굴복시키는 것은 어렵다. 대신 영국을 굴복시킨다. 영국을 굴복시키면 미국의 전쟁 수행 의지는 꺾일 것이다"라는 것이었다. 상당히 낙관적이며 자기 본위적인 생각이다. 대본영의 다음 종결 방안도 충격적이다. "독일이 영국을 굴복시키면, 이에 따라 유리한 조건으로 강화를 맺는다." 역시나 낙관적이다. 독일이 영국을 굴복시킨다는 전제하에서 강화 조약으로 전쟁을 종결시킨다는 것이다. 이 당시 일본 군부의 독일에 대한 맹신은 상식을 뛰어넘는 수준이었다.

(이 대목에서 제2차 세계 대전 추축국들의 종전에 대한 생각을 살펴봐야 하는데, 당시 독일의 히틀러도 소련과의 전쟁을 어떻게 끝내야 할지 구체적인 안이 없었다. 그저 소련인들을 우랄 산맥 저편으로 밀어낸다는 두루뭉술한 생각밖에 없었다. 전쟁은 시작하는 것보다 끝내는 것이 어렵다. 그런 의미에서 독일과 일본은 둘 다 생각 없이 전쟁을 일으

켰다 할 수 있겠다.)

태평양전쟁의 전황이 일본에 불리하게 전개되던 시기에 일본 군부는 또다시 황당한 외교 정책을 수립하게 된다. "독소 화해를 주선한다." 당시 기준으로 봐도 황당하기 그지없는 망상이었다. 제2차 세계 대전 총사망자 수 5300만 명 중 43퍼센트인 2300만 명이 소련인이었다. 이 중 소련군의 죽음은 760만명 정도로 추정되는데, 이는 미군 전사자 수의 26배, 영국군 전사자 수의 19배에 달한다. 이 외에도 1500만 명이 전쟁 불구자로 여생을 보내야 했다. 소련은 1941년부터 1945년까지 하루 평균 7950명의 병사를 독일군에 제물로 바쳐야 했다. 이런 상황에서 독일과 소련의 화해를 주선한다? 당시 일본 군부가 파악한 외교 정세는 이렇다.

"세계 대전 승패의 열쇠는 소련이 쥐고 있다. 그 소련과 중립 조약을 맺고 있는 일본이 교전 중인 독일과 소련을 화해시켜 소련을 추축국으로 끌어들인다."

이른바 '독소 화해의 중재'라는 구상인데, 일본 군부는 이를 문서로 만들어 외교성에 전달했다. 이 정도면 망상이라고 봐야 할 것이다. 당시 이 구상안은 주소련 대사였던 사토 나오타케에게까지 전달됐다. 그는 실소를 금할 수 없었다. "독소 화해는커녕 일소 중립 조약의 유지마저도 곤란한 상황이다!" 이미 독일은 소련에게 밀리고 있는 상황, 아니 밀리는 정도가 아니라 조만간 독일이 무너질 판국인데 소련과 독일을 중재해 화해를 시킨다고?

이런 상황에서 일본에게는 최악의 시나리오가 현실화됐다. 1945년 4월 5일 소련의 외무상 몰로토프가 사토 나오타케 대사를 불러 일소 중립 조약의 폐기를 통보했다. 즉, 1년 남은 일소 중립 조약을 연장하지 않겠다는 최후통첩이었다. 여기서 일본은 다시 한 번 코미디를 연출했다.

"일소 중립 조약은 5년 기한을 둔 조약이다. 앞으로 1년이 남았다는 것은 1년 동안은 아직 유효하다는 의미다."

소련이 얄타 회담의 밀약을 바탕으로 대일전 참전을 준비하던 그때, 일본은 아직 일소 중립 조약이 1년이나 남았다며 애써 희망을 찾았던 것이다.

독일 무너지다

이렇게 마지막 희망을 붙잡고 있던 일본에게 날벼락 같은 소식이 전해졌다. 독일의 패망이다. 국제연맹 탈퇴 후 독일 일변도의 국가 전략과 외교 정책을 펼쳤던 일본은 닭 쫓던 개 지붕 쳐다보는 처지가 됐다.

1945년 5월 11일 일본의 전쟁 지도부는 독일 패망 이후의 전략을 수립하기 위해 모였다. 사흘간 이어진 이 회의의 참석자는 수상, 외무상, 육·해군의 수뇌 등 여섯 명이었다. 이때 일본 군부의 발언을 보면 당시 군부의 상황 인식 수준을 확인할 수 있다.

"독일 항복 후 극동 소련군이 급격히 줄어들고 있소. 지금은 적극적인 외교 수단을 통해 소련의 대일전 참전을 저지하는 게 급선무요."

— 육군 참모총장 우메즈 요시지로梅津美治郎

"해군으로서는 소련의 참전 저지뿐만 아니라 가능하다면 소련의 호의적 태도를 이끌어내어 군사 물자, 특히 석유 등을 들여올 수 있기를 바라오."

— 해군대신 요나이 미쓰마사米內光政

황당하기 그지없다. 이미 소련은 일소 중립 조약의 연장을 거부한 상태에서 대일전 참전을 준비하고 있는 상황인데, 소련에서 석유를 들여올 수 없는지를 묻다니. 그나마 당시 외무대신이었던 도고 시게노리東鄉茂德는 정확한 상황 판단 능력을 보여줬다.

"세상물정 모르는 것도 정도가 있지, 소련을 군사적·경제적으로 이용할 여지가 있을 리가 없소. 사태는 이미 손쓸 방도가 없고, 현재 일본으로서는 종전을 위한 수단을 신중히 검토하는 수밖에 없소."

결국 이 회의에서 전쟁 막바지 대소련 정책의 기본 방침이 결정되었다.

첫째, 소련의 대일전 참전을 저지한다.
둘째, 유리한 종전 중재를 의뢰한다.

이때까지도 일본은 제대로 된 상황 판단을 하지 못하고 있었다. 그래도 여기까지나마 진행된 것은 일본으로서는 기적에 가까운 성취였다. 그러나 그 기적도 얼마 안 가 부서지고 만다. 바로 육군대신 아나미 고레치카_{阿南惟幾} 때문이다. 당시 회의에 참석했던 아나미 고레치카는 다음과 같이 말했다.

"일본은 적에게 빼앗긴 영토보다 훨씬 광대한 영토를 점령하고 있소. 일본은 아직 전쟁에서 진 게 아니오! 패전을 전제로 한 화해 의견은 있을 수 없소!"

아나미 고레치카

외무대신 도고 시게노리는 점령지의 반환 등 추후 국제 정세를 파악해 유연하게 대응해야 한다고 말했지만 그의 의견은 묵살됐다. 결국 소련 중재의 종전 협상은 뒷전으로 밀려나게 되었다.

그렇게 아까운 시간을 흘려보내는 와중에 일본은 주일 소련 대사인 마리크와 소련의 종전 중재를 물밑에서 교섭하려 했다. 그러나 이 모든 것은 '헛발질'이었다. 마리크는 냉정하게 일본의 상황을 분석하고 있었고, 일본의 상황을 본국에 보고할 따름이었다.

당시 일본의 상황을 누구보다 잘 알고 있었던 이는 주소련 일본 대사였던 사토 나오타케였다. 그는 모스크바에서 보고 느낀 국제 정세를 본국에 타전했다. "오키나와전도 머지않아 단념하지 않으면 안 될 날이 올 것임. 저항 수단도 없이 계속 교전을 속행하는 것은 근대전에서는 생각할 수 없는 것임." 그는 가능성 없는 교섭에 귀중한 시간을 낭비하지 말고, 즉시 종전 결의를 하고 협상에 들어가야 한다고 생각했다. 그러나 일본 육군 장성들은 본토 결전만을 생각하고 있었다.

1945년 6월 6일 일본 전쟁 지도부는 다시 한 번 본토 결전을 위한 회의를 개최했다. 이때 내각 총리대신 스즈키 간타로

鈴木貫太郎가 보고서 하나를 제출했다. 당시 일본의 객관적인 상황을 정리한 보고서였는데, 그 내용이 충격적이었다.

"국민 생활은 궁핍하고, 국지적으로 기아 사태의 위험성이 있음. 쌀과 식염 배급도 바닥났고, 가을에는 최대의 위기가 닥칠 것임. 공업 생산은 공습과 석탄 부족으로 상당 부분 운전 중지 상태임. 수송력도 연료 고갈과 적의 공격으로 증기선은 올해 안으로 전부 운행 중단, 철도 수송은 반감함."

육군대신 아나미 고레치카를 비롯한 육군 관계자들은 보고서의 수정을 요구했다. 결국 보고서는 다음과 같이 수정되었다.

"최대 문제는 생산 의욕과 감투 정신의 부족에 있다."

군부는 정신력만 있다면 본토 결전도 가능하다고 주장한 것이다(이 '정신력 타령'은 21세기 한국군에게까지 그대로 전해져 내려오고 있다). 당시 일본군 수뇌부는 패전이 곧 일본 민족의 멸망으로 이어질 것이라 믿고 있었다. 일본 육군은 1944년 가을 비밀리에 연구팀을 조직해 패전을 상정한 최악의 사태를 예측했는데, 이 보고서는 천황제가 폐지되고 야마토 민족이 멸망하며 일본 남성들은 노예와 같은 신분으로 강제 해외 이주를 당할 것이라 예상했다. 이들의 망상은 정확히 자신들의 사고 수준을 벗어나지 못하고 있었다. 이렇다 보니 이들은 종전을 결사반대했고 '1억 총 옥쇄'라는 광기 어린 주장을 내뱉기 시작했다.

그러나 그 와중에도 전황은 시시각각 악화됐고, 일본군과 국민은 초 단위로 죽어나갔다. 이렇게 되자 종전에 우호적인 분위기가 형성됐지만, 종전에 대한 구체적 안은 나오지 않았다. 설상가상으로 소련의 참전 분위기가 형성됐고(포츠담 회담에서 8월 소련의 대일본전 참전이 결정됐다) 일본은 전전긍긍 앞으로의 방향을 고민하기 시작했다. 결국 쇼와 천황의 친서를 받아 든 고노에 후미마로 전 총리가 특사로 소련에 파견되었다.

일본은 최후의 평화 협상을 제안했다. 당시 소련의 외상이었던 몰로토프는 포츠담 회담을 위해 자리를 비운 상태였고, 닷새 후에 외무성 차관이었던 로조프스키가 "고노에 후미마로 특사의 사명은 잘 알고 있지만 받아들일지는 대답할 수 없다"라는 사실상의 거절 의사를 전했다.

이때 일본 외교사에 길이 남을 명문名文이 등장한다. 당시

사토 나오타케

일본의 상황을 누구보다도 객관적으로 파악하고 있었던 사토 나오타케 대사는 일본이 전쟁 종결 방침은 애매하게 놔둔 채 교섭에 임하려는 것을 보며 통탄했다. 그는 일본 본국의 외상에게 장문의 항의문을 보냈다.

"점점 항전할 힘을 잃어가는 장병 및 국민들이 전부 전사한다고 해도 정부는 그들을 구할 생각조차 없구나. 7000만의 백성들이 죽어가는데, 높으신 한 분의 안전만을 도모할 것인가. 나는 강화 제창의 결의를 다잡을 수밖에 없다는 방향으로 귀착했다. 만주사변 이래 너무나도 외교를 등한시하여 국제 감각에 무신경해진 것이 바로 지금의 재앙을 낳은 원인이다. 본인은 더 이상 목적 달성의 바람은 없다. 과거의 타성에 젖어 저항을 계속하는 현 상태에 종지부를 찍고, 국가가 멸망하기 전에 그런 상황을 방지하여 7000만 동포를 도탄의 구렁텅이에서 구해 민족의 생존을 지켜내는 것만을 염원한다."

사토 나오타케는 만주사변으로 시작된 일본 외교의 고립과 독일 일변도의 외교 정책을 꼬집었다. 아울러 자신의 안전만을 위해 국민의 희생을 외면하는 전쟁 지도부와 천황에 대한 일침도 잊지 않았다.

사토 나오타케의 의견서는 일본이 왜 이 지경에 이르게 됐는지를 단적으로 보여줬다. 그러나 상황을 돌리기엔 너무 늦었다. 만주사변 이후로 전쟁으로 점철된 일본의 역사는 이제 그 끝을 향해 달려가고 있었다. 일본의 숨통은 그동안 마지막 희망으로 부여잡고 있던 소련의 참전으로 끊기게 되었다.

나는 히로시마, 나가사키에 떨어진 핵폭탄보다 소련의 일본전 참전이 일본 전쟁 지도부의 전쟁 의지를 꺾었다고 생각한다. 1944년 가을부터 1945년 8월까지 일본 전쟁 지도부는 소련이라는 헛된 희망을 부여잡고 전쟁 의지를 불태웠다. 처음에는 소련과 독일을 화해시킨다는 망상에서 시작해 그 후에는 일소 중립 조약의 연장을 희망했고, 전쟁 막바지에 이르러서는 소련을 통한 중재나 종전 협상을 희망했으며, 마지막에는 소련의 참전을 막기 위해 발버둥 쳤다.

그러나 일본에게는 어떠한 외교적 수단도 의지도 없었다. 사토 나오타케 대사의 말처럼 일본은 만주사변 이후로 국제적으로 고립됐고 국제 감각도 뒤떨어졌다. 전쟁이 최후의 외교 수단임을 잊고, 외교적 수단을 버리고 언제나 전쟁을 내세웠던 일본의 패착이었다. 외교적 무지가 가져온 일본의 패망이었다.

09

미국, 움직이다

러일전쟁 직후 미국과 일본은 갈등 관계로 돌아섰다. 러일전쟁 당시까지만 하더라도 미국과 일본의 관계는 혈맹이라 해도 과언이 아니었다. 미국은 영국과 손잡고 아낌없이 일본을 지원했고, 이런 기대에 부응해 일본은 러시아를 격파했다.

 그러나 전쟁이 끝나자 일본과 미국은 서로를 바라보는 시선에서 온도차를 느끼게 되었다. 러일전쟁 이후 태평양전쟁까지 미국과 일본의 관계는 악화 일로를 걸었다. 그리고 이 불협화음이 본격화된 것은 만주사변 직후였다. 만주사변이 일어나고 태평양전쟁이 끝나는 1945년까지의 기록은 어쩌면 일본과 미국의 외교 관계 단절의 역사일지도 모른다.

미국과 일본의 치킨 게임

—

1937년 7월 7일 루거우차오 사건으로 시작된 일본의 중국 침략을 계기로 일본과 미국은 회복할 수 없는 관계로 빠져들었다. 고립주의 정책으로 일관하던 미국이 움직인 것이다. 1938년 미국은 일본에 대한 최초의 제재에 들어갔다. 항공 자재의 대일본 수출 금지 조치였다. 일본에게는 이빨도 들어가지 않을 조치였지만, 그동안 인내로 점철됐던 미국이 최초로 반응을 보인 것이다. 그리고 1939년 미국은 '미일 통상 항해 조약'을 파기했다. 이는 의미가 남달랐다. 민간의 자율적인 수출입을 이제 미국 정부 통제하에 두겠다는 뜻이었다. 다시 말해 미국 정부가 정책적인 결정에 따라 일본을 고사시킬 수도 있다는 의미였다. 이는 빈말이 아니었는데, 1940년 일본 기획원의 조사에 따르면 일본의 연간 총수입액 21억 엔 중 19억 엔을 미국에 의존하는 상황이었다. 만약 미국과의 관계가 틀어지면 일본은 나라의 존립 자체가 위태로워지는 것이었다.

그러나 일본은 미국과의 협상보다는 새로운 동맹을 찾는 것으로 응수했다. 1940년 9월 역사적인 삼국 동맹이 체결되었고, 이제 일본과 미국은 돌아올 수 없는 강을 건넜다. 일본은 삼국 동맹이란 균형추를 손에 넣으면 미국의 압박에 대응할 수 있다고 믿었다. "삼국 동맹이 제대로 작동한다면 미국도 우리를 함부로 대할 수 없을 것이다." 당시 일본 외교는 낙제점을 주어도 부족할 정도였다. 특히나 정세 분석과 정책 결정에 있어서는 최악이라고 말해도 과언이 아니었다.

1940년은 '일본의 운명을 결정한 해'였다. 그 엄혹했던 시기에 일본 외상의 자리에 앉아 있었던 이가 마쓰오카 요스케였다. 그는 미국에 대한 피해 의식으로 똘똘 뭉쳐 있었다. "미국이 전쟁을 일으키려고 우리를 압박하는 것이다!" 삼국 동맹

삼국 동맹 체결을 기념해 베를린 주재
일본 대사관에 내걸린 세 나라의 국기
(1940년 9월)

의 열렬한 맹신자였던 마쓰오카 요스케는 미국이 일본을 압박해 전쟁을 일으키려 한다며 미국에 대한 분노를 터트렸다. 이런 상황에서 대미 협상이 제대로 이뤄졌을까?

다시 말하지만, 일본의 운명은 1940년에 결정됐다. 만약 이때 일본이 좀 더 현명하게 대처했다면, 아니 '상식적인 수준'의 판단만 내렸더라면 태평양전쟁은 일어나지 않았을 것이다. 그러나 1940년의 일본에 상식을 주문하는 것은 너무도 무리한 요구였다. 삼국 동맹 체결 전후로 미국과 일본은 치킨 게임을 벌였다.

1940년 이후 일본에 대한 미국의 경제 제재와 일본 정부의 반응을 보자.

- 1940년 7월 5일 미국은 각종 전략 물자 및 전쟁 물자에 대한 대일본 수출 금지 조치를 발령했다. 또한 1940년 7월 26일에는 항공기 연료 및 각종 항공 엔진 부품, 특정 종류의 스크랩(고철)에 대한 대일본 금수 조치를 발령했다.

전쟁 물자 중에서 가장 중요한 것이 석유와 철이다. 일본은 미국의 고철을 수입해 이를 활용했는데 그 획득처를 막아버린 것이다. 항공기 부품이나 각종 공업 용구의 수출 제한은 당장 그 효과가 나타나지는 않지만 시간이 흐르면서 상당한 압박으로 작용하게 된다. 대표적인 예가 바로 '제로센' 전투기다. 태평양전쟁 기간 중 일본 전투기의 대명사였던 제로센은 일본 스스로가 '동양의 신비'라며 자화자찬한 전투기다. 그러나 이 전투기가 1942년도 중반을 넘어서면서부터는 그 성능을 제대로 발휘하기 힘들었는데, 애초에 경량화를 위해 방탄 장갑, 연료 방루 장치 등등 최소한의 피탄 대비책을 포기한 것이 제로센이었다. 그나마 일본 자체의 기술로만 만들어진 것도 아니었다. 프로펠러는 전쟁 전 미국제 프로펠러를 라이선스해 사용하다 전쟁과 동시에 불법 복제로 사용했고, 무전기는 미국제였다. 전쟁 이전에는 미국에서 수입한 무전기를 장착했으나 태평양전쟁 개전 이후 미국 수입 경로가 차단되자 결국 자국산 무전기를 달게 되었다. 그러나 이 무전기는 성능이 좋지 않아 없느니만 못한 상황이 됐고, 일부 베테랑 조종사들은 차라리 무전기를 떼어내 비행기 중량이라도 줄이자며 무전기를 떼고 비행했다. 무전기를 달지 않는 것이 뭐 그리 대수냐고 할 수도 있겠지만, 제2차 세계 대전 시절에는 공군 편대 전술이 상식이었다. 이런 상황에서 일본 전투기 조종사들은 제1차 세계 대전 때처럼 수신호로 의사 전달을 하는 촌극을 연출했던 것이다.

– 1940년 8월 3일 일본 정부가 처음으로 미국에 반응을 보였다. "미국의 경제 제재 조치를 반대한다."

1940～1945년까지의 일본 외교 정책을 살펴보면 퇴로가 없는 극단적인 수를 두거나 자신들의 의사를 통일시키지 못해 '방침 없는 협상'으로 시간을 허비하거나 상대방 입장을 생각하지 않고 자기 본위의 '해석'으로 협상 카드를 만들어 상대방을 열 받게 만드는 '뻘짓'의 연속이었다. 이런 실수의 이유는 크게 두 가지로 볼 수 있는데, 군부가 일본 외교에 개입하면서 의견 통일이 안 되거나 극단적인 정책을 밀어붙였기 때문이고, 국제 정세의 판세를 잘못 읽거나 국제 감각이 뒤떨어져 자기 기준으로만 생각했기 때문이다. 사공이 많으면 배가 산으로 간다. 그런데 그 사공이 바보들이라면 배는 박살날 수밖에 없다.

– 1940년 9월 26일 미국 정부는 전면적인 철강, 스크랩 금수

조치를 단행했다.

일본은 이제 가장 중요한 철강 획득처를 잃어버리게 되었다. 일본에게는 치명타였다. 1940년 10월 4일 고철 수입이 막히자 일본 정부도 긴장하기 시작했다. 당시 일본 수상이었던 고노에 후미마로 수상은 최초로 '전쟁'을 언급했다. "최악의 경우 미국과의 전쟁도 불사하겠다!" 외교적 해결을 말해야 하는 상황에서 일본은 전쟁 카드를 꺼내 든 것이다.

- 1940년 12월부터 이듬해 1월까지 미국은 지금까지 빠져 있던 모든 정제품과 광석을 전부 금수 품목에 올렸다. 고노에 후미마로의 발언에 대한 무언의 대답이었던 것이었다.

이때부터 일본은 '너무 멀리 왔다'란 생각을 하게 되었다. 이 상태로 계속 대결 구도로 가다간 끝장나는 것은 일본이란 생각을 그제야 하게 되었다.

대미 외교가 더 이상 극단으로 치달아서는 안 된다고 판단한 고노에 후미마로 수상은 대미 외교의 선봉에 서 있던 구루스 사부로来栖三郎 한 명만으로는 어렵겠다는 판단에 1941년 2월 노무라 기치사부로野村吉三郎를 미국으로 보냈다. 바로 이 둘이 대미 외교 교섭 창구로 미국과의 협상에 임했다. 구루스 사부로는 노무라 기치사부로가 활동하기 편하도록 일부러 미국 여성과 결혼할 정도로 대미 협상에 결사적으로 매달렸는데, 상황은 갈수록 어렵게 꼬여만 갔다.

당시 미국이 일본에 요구한 삼국 동맹 탈퇴와 중국에서의 전면 철수는 일본으로서는 전혀 타협의 여지가 없는 요구 조건이었다. 이 두 요구 조건을 수락하는 것은 지난 반세기간 일본이 가열 차게 추진해온 국가의 기본 전략 자체를 부정하는 것이었

구루스 사부로와 노무라 기치사부로

기에 이때부터 일본은 '만약의 사태'를 생각하게 된다.

'만약의 사태'가 벌어진다면 가장 먼저 고려해야 할 것이 무엇일까? 두말할 것도 없이 '석유'였다. 일본의 경우 석유 수입량의 80퍼센트를 미국에 의존하고 있었기에 미국과의 관계가 만약의 사태에 직면할 경우 석유 수입은 끊기게 될 것이고, 석유 수입이 끊기면 일본의 모든 행보는 그 자리에 멈춰서야 했다.

일본은 이런 최악의 상황을 염두에 두고 미친 듯이 석유를 비축했다. 1941년 8월 1일 기준 일본은 자그마치 950만 킬로리터의 석유를 비축했는데, 당시 일본의 월평균 석유 소비량이 45만~48만 킬로리터였으니 만약 미국이 석유를 끊는다면 짧게는 18개월, 길게 잡아도 2년 안에 일본은 전투기 한 대 띄울 기름도 없게 되는 것이었다. 이런 절박한 상황에 기초한 것이 '남방 작전'이었다.

10

석유, 일본의 타는 목마름

1911년은 전 세계 해군 역사상 특기할 만한 사건이 터진 해였다. 바로 네바다Nevada급 전함의 건조였다. 미국 최초로 3연장 주포탑을 도입하고, 집중 방어 설계 개념을 도입해 주포탑이나 동력부 등 중요 부위에 집중적으로 장갑을 둘러치고 그 나머지 공간에는 상대적으로 얇은 장갑을 배분, 배수량 대비 효율적인 방어 설계를 시도한 전함이었다. 물론 이 모든 혁신에 따른 문제점도 동시에 떠안아야 했던 전함이었다.

그러나 네바다급의 진정한 혁신은 다른 곳에 있었다. 바로 추진 방식이었다. 네바다급은 석유 전소 방식의 추진 기관을 가지고 있었다. 즉, 기름으로 배를 움직였다는 소리다.

석유, 군사 혁명을 일으키다

—

제2차 세계 대전이 시작되기 전까지 전 세계 군사 전략의 핵심은 한 가지였다. "바다를 지배하는 자 세계를 지배한다." 해군의 전함이 국가의 전략 무기로 분류됐고, 이 전함이 곧 전쟁의 승패를 결정지었다. 이런 상황에서 등장한 드레드노트HMS Dreadnought는 전 세계 해군 관계자들을 경악하게 만들었다. 그러나 이 전함은 석탄으로 움직이던 전함이었다.

20세기 초까지만 하더라도 전함의 연료는 석탄이었다. 물론 차세대 대체 에너지로 석유가 주목받고 있었던 것도 사실이다. 각국은 석유를 활용한 내연 기관을 개발하기 위해 고심했고, 저마다 석유 생산지를 확보하기 위해 머리를 굴렸다. 선두 주자는 미국이었다. 텍사스에 넘쳐나는 석유를 활용하기 위해 1864년(당시 우리나라는 조선 철종 시절이다) 석유 보일러 선박 개발에 나섰다.

석유는 석탄에 비해 엄청난 장점이 있는 연료였다. 해군 전함에 있어서는 특히 더 그랬다. 일단 굴뚝에서 검은 연기가 피어오르지 않아도 됐다. 석탄 보일러는 최대 속도로 석탄을 때워도 평균 20노트가 한계였지만, 석유는 가볍게 30노트를 넘어섰다. 연료의 탑재에서도 우위를 보였는데, 러일전쟁 때까지만 하더라도 해군은 갑판에 석탄을 잔뜩 쌓아놓고 다녔다 (전투 시에는 이 석탄을 바다에 버렸다). 그러나 석유는 연료 저장고가 많이 필요하지 않았다.

이런 엄청난 장점이 있는 석유를 선뜻 사용할 수 없었던 이유는 '보급'을 자신할 수 없었기 때문이었다. 20세기 초 세계 최강의 해군을 자랑하던 영국이었지만, 그때까지 영국 함대는 석탄을 태웠다. 영국 땅에서는 석유가 나오지 않기 때문이었다. 석유가 좋은 에너지라는 것은 알고 있었지만 석유를 생산할 수 없었던 나라들은 석탄과 석유를 같이 태워버리는 혼소混燒 방식으로 석유에 대한 타는 목마름을 다독여야 했다. 그러나 이 갈증은 쉽게 해결될 수 없었다. 석탄과 석유의 혼소 방식으로 얻는 추진력은 석유 연소 방식의 60퍼센트 수준에 불과했기 때문이다.

그러나 말뚝만 박아도 석유가 뿜어 나오는 미국은 이런 갈증이 없었다. 그 결과 1911년 네바다급을 건조했던 것이다. 그리고 1년 뒤인 1912년 영국도 퀸엘리자베스Queen Elizabeth급 전함을 건조했다. 1907년 로열 더치-셸 그룹Royal Dutch-Shell Group을 만들어 네덜란드령 동인도와 보르네오의 석유를 확보

전함 네바다

하고(로열 더치와 셸을 합병시켰다) 1908년 이란을 확보하면서
영국도 석유를 향한 타는 목마름을 해결할 수 있었다. 이제 석
유는 '대체 에너지'란 꼬리표를 떼고 공식적인 인류 대표 에너
지로 자리 잡게 되었다.

일본의 타는 목마름

차세대 에너지원으로 주목받던 석유는 1910년대가 끝나기 전
에 공식적인 에너지로 인정받고 그 지평을 넓혀가고 있었다.

그러나 일본은 여전히 석탄을 고집하고 있었다(심지어 전함도 석탄을 사용했다. 1930년대까지 일본 군함은 석탄과 석유를 같이 사용하는 방식이었다. 일본에서 석유 전소 방식을 건조 때부터 채용한 전함은 1941년에 건조한 야마토급 2척뿐이었다).

1920~1930년대 국민을 쥐어짜내 전함을 건조한 일본이었지만, 그 실상을 뜯어보면 '뻘짓'이었다. 다른 국가들은 1910년대부터 석유 전소 방식의 전함을 건조했지만, 일본은 자국 내에서 석탄이 생산된다는 이유 하나만으로(그리고 석탄 엔진이 좋다는 확신으로) 석탄을 고집했다가 나중에 그 모든 엔진을 교체해야 했다. 지금의 시점으로 바라보면 일본 군부(해군)의 '뻘짓'이라며 웃어넘길 수 있는 이야기지만, 당시 일본에게는 국가의 미래가 저당 잡힌 무지몽매한 짓이었다.

당시 일본의 기준은 '군대'였다. 국가의 모든 정책 판단에 군대의 입김이 작용했다. 이런 상황에서 에너지 체제의 새로운 패러다임을 무시했던 것이다. 다른 열강이 석유라는 새로운 패러다임을 받아들여 저마다 유전을 개발하거나 확보하는데 열을 올리는 동안 일본은 손 놓고 앉아 있었다. 아니, 그 중요성을 무시했다. 그 결과 에너지 체제가 석유로 완전히 정착된 10여 년 뒤 일본은 석유 자원에서 완벽하게 소외되었다.

땅을 치고 후회할 수밖에 없었던 것이 러일전쟁 직후 일본
은 유전을 손에 넣을 기회가 있었다. 일본은 러일전쟁 당시 사
할린을 점령했는데, 포츠머스 조약에 의해 북위 50도 이남만
을 인정받았다. 그런데 북위 50도선 위쪽 땅에서는 석유가 나
왔다. 일본은 석유의 가치를 알아보지 못했던 것이다(당시 일본
은 러시아가 발견한 사할린 유전에 대한 정보를 아예 몰랐다. 이 사할린
유전을 둘러싼 일본과 러시아의 역사는 한 편의 코미디가 따로 없는데,
1925년 혁명으로 재탄생한 소련을 인정하는 조건으로 일본은 북사할린
의 석유 채굴권과 시굴권을 얻었다가 일소 중립 조약 체결과 함께 소련
에 이 유전을 넘겼다. 만약 이 유전 지대를 태평양전쟁 기간 동안 계속

포츠머스 조약 당시 러시아 대표단과 일본 대표단

확보했더라면 일본은 꽤 숨통이 트였을 것이다).

　일본이 석유의 가치를 알게 된 것은 1920년대 중반이 되고 나서였다. 이미 세계열강이 석유의 가치를 알고 유전 지대를 휩쓴 뒤였다. 조급해진 일본은 유전 확보에 뛰어들었는데, 이때 눈에 들어온 것이 만주였다. 실제로 지금도 석유가 나오는 다칭大慶 유전은 일본이 확보한 만주 땅에 있다. 하지만 이 다칭 유전은 일본이 패망하고 14년 뒤에야 개발됐다. 사실 당시 일본도 만주에 석유가 묻혀 있다고 믿었고 실제로 수많은 탐사를 시도했다. 문제는 당시 일본의 시추 기술이 뒤떨어졌다는 점이다. 1930년대 일본의 기술력으로는 지하 1000미터가 한계였다(다칭 유전은 1300미터에서 발견됐다). 만약 이때 미국의 시추 기술을 들여왔더라면 이야기가 달라졌겠지만, 미국이 만주 지역의 석유 매장 정보를 알게 되면 만주 지역 이권 확보에 나설 것이란 두려움 때문에 일본은 독자 기술로 탐사에 나섰던 것이다.

　이런 실패 끝에 마지막으로 희망을 건 것이 바로 독일의 액화 석탄 기술이었다. 삼국 동맹으로 독일과 손을 맞잡은 일본은 희희낙락했는데, 선진 독일의 공업 기술을 전수받을 수 있다는 희망 때문이기도 했다. 그중 가장 탐이 났던 기술이 액화 석탄 기술이었다. 석탄에서 기름을 뽑아내는 이 신기술은 유전 지대를 확보하지 못한 일본에게는 그야말로 '복음'이었다. 이 기술만 있다면 일본은 수입 제재 걱정 없이 석유를 확보할 수 있고, 이는 향후 일본의 정책 결정과 전략적 행동에 큰 보탬이 될 터였다.

실제로 일본은 액화 석탄 기술을 독일로부터 전수받았다. 꿈에 부푼 일본은 전체 석유 소비량의 20퍼센트인 100만 리터를 액화 석탄으로 대체하겠다는 포부를 밝혔다. 여기까지만 보면 장밋빛 미래였지만, 미래는 열리지 않았다. 그 이유는 크게 세 가지로 정리할 수 있다. 첫째, 생산 시설의 미비였다. 기술은 있었지만 크롬과 같은 촉매제와 고압 장치 같은 공작기계와 생산설비 기술은 받지 못했기에 제대로 석유를 생산해낼 수 없었다. 둘째, 이렇게 생산된 석유도 저질 휘발유나 경유 정도였기에 그 활용의 폭이 제한됐다. 당시 일본이 급하게 필요했던 것은 항공기용 고옥탄가 항공유였는데, 이를 제조할 수 있는 수소첨가법은 독일이 제공하지 않았다. 셋째, 그나마 이걸 생산하던 공장도 미군 폭격기의 타깃이 돼 생산량이 급감했다.

여담이지만, 일본의 액화 석탄 생산은 경제성을 생각하면 생산할 이유가 전혀 없었다. 당시 원유 1배럴당 가격이 4달러 수준이었는데, 액화 석탄의 생산 원가는 배럴당 30달러였다. 정치적인 이유가 없다면 생산할 이유가 전혀 없었던 것이다.

석유를 어떻게 구할 것인가

제2차 세계 대전 당시 전 세계 석유 공급량의 70퍼센트는 미국이 담당하고 있었다. 2위는 캅카스 유전 지대를 가지고 있던 소련, 3위는 영국이었다. 이 세 나라가 전체 석유 생산량의 95퍼센트를 차지했다. 이것만 봐도 연합국이 왜 승리했는지 알 수 있을 것이다. 독일은 루마니아 유전에 액화 석탄 생산까지 포함해도 전체의 5퍼센트가 될까 말까 한 석유를 가지고 이들과 싸웠던 것이다. 탱크와 전투기, 잠수함, 항공모함으로 싸웠던 제2차 세계 대전은 석유를 누가 더 많이 가지고 있느냐가 전쟁의 승패를 결정지었다(제2차 세계 대전 동부 전선에서 독일은 대공세를 펼치기 위해서 몇 달간 석유와 탄약을 비축한 뒤 공격에 나서곤 했다).

추축국의 맏형격인 독일이 이럴진대 일본은 어떠했을까?

1940년 당시 일본은 연간 석유 소비량의 80퍼센트를 미국에서 수입했다. 일소 중립 조약을 맺기 전까지는 사할린의 오하 유전과 일본 내 유전(일본 본토에도 석유 유전이 있다. 물론 그 생산량은 지극히 미미하다)에서 10퍼센트 내외를 충당했고, 나머지 부족분은 네덜란드령 동인도에서 수입했다. 만약 미국이 석유 수출을 금지한다면 일본은 앉은 채로 백기 투항해야 할 상황이었다. 정세가 급박하게 돌아가자 일본은 나름의 대책이라며 부랴부랴 네덜란드령 동인도에 석유 수출 의사를 타진해봤지만, 일본에 대한 경제 제재를 본격적으로 시작한 미국의 심기를 거스르면서까지 석유를 수출할 수 없다며 난색을 표했다.

이제 일본은 경제 제재와 ABCD 봉쇄망(미국, 영국, 중국, 네덜란드의 봉쇄)의 위력을 인정하고 조용히 미국과 서방 제국의 체제 안에 편입되든가, 아니면 전쟁을 일으켜 남방 자원 지대를 확보한 후 추후의 일전에서 영미군에게 '상당한 타격'을 주어 협상 테이블로 이들을 끌어내 자신의 영역을 인정받든가 하는 양자택일의 기로에 서게 되었다. 다시 말해 남방 작전의 핵심 목표는 자바, 수마트라, 말레이시아 등등의 동남아 지역을 병합해 일본의 자원 기지로 만드는 것이었다. 그럼 당시 일본 대본영의 남방 작전 계획을 살펴보자.

1단계: 미 태평양 함대 무력화를 통해 남방 작전 시 배후 위협 제거

2단계: 남방 자원 지대 확보

3단계: 극동에서의 연합군 격파

4단계: 남방 자원 지대 방어에 필요한 외곽 방어선 점령

당시 일본의 국력을 생각하면 상당히 포괄적이고 허구성 짙은 작전 계획이라 볼 수 있다. 아니, 망상이라고 해야 할까? 놀라운 사실은 남방 자원을 확보한다 해도 일본의 연간 석유 소비량을 다 채울 수 없다는 점이다. 당시 일본의 월평균 석유 소비량은 45만~48만 킬로리터였으나 전시 상황에서 민간 소비를 최대한 억제한다면 연간 소비량을 550만 킬로리터까지 맞출 수 있었다. 그리고 네덜란드령 동인도의 유전 지대를 피해 없이(현지 생산자들의 사보타주 없이) 안전하게 확보한다는 전제하에서 연간 300만 킬로리터의 석유를 확보할 수 있었다. 그러면 나머지 부족분은 어떻게 한다는 것일까?

그리고 여기에는 결정적인 함정이 하나 더 있었다. 총력전

연구소의 마에다 가쓰지가 설파했던 내용을 떠올려보라.

"1941년 일본의 선박 보유량은 300만 톤이다. 작은 어선
은 집어넣지 않았고, 100톤 이상의 물자 동원에 활용할 수
있는 선박만을 계산했다. 그런데 유조선은 1퍼센트밖에 되
지 않으며, 나머지는 석유를 드럼통에 넣어서 선적할 수밖에
없다. 전쟁이 시작되면 상업용 선박 대열은 침몰된다. 문제
는 선박 소모량을 어떻게 예상하는가에 있다."

일본은 섬나라였다. 물자의 수출입은 모두 바다를 통해 들
어오고 나간다. 즉, 유전을 확보한다 해도 이 석유를 일본으
로 들여오려면 '유조선'이 필요하다는 것이다. 당시 일본 군부
는 유전의 확보만 생각했지 이를 일본에 들여오는 것은 생각
하지 않았다. 그 결과 일본은 참혹한 결과를 맞이하게 되었다.
태평양전쟁 개전 직후 일본 군부는 부랴부랴 유조선을 수배
했는데, 민간의 유조선까지 모두 징발했어도 겨우 76척뿐이
었다. 그나마 이 76척도 기동 함대의 급유를 위해 활용됨으로
써 수송에 동원된 함정은 극소수였다. ('점감요격작전漸減邀擊作戰'
을 준비했던 일본 해군은 이 작전에 맞게 함정을 설계·건조했는데, 그

결과 상당수 함정의 항속 거리가 짧았다. 진주만 기습 공격 당시 항공모함에 연료통을 쌓아놓고 항속 거리가 짧은 함정들에 급유하는 촌극을 연출했던 것을 기억해보면 이 유조선들의 할당 우선순위가 어땠을지 쉽게 예상할 수 있을 것이다.)

그제야 일본 군부는 유조선의 건조와 투입을 결정했다. 그러나 이미 때가 늦었다. 태평양전쟁 기간 동안 일본은 350척의 유조선을 건조해 투입했지만, 이들 중 306척이 미국 잠수함의 어뢰와 기뢰 공격, 항공기의 공격에 격침당했다. 현대전에서 제해권과 제공권을 빼앗긴 섬나라의 운명은 고사枯死뿐이다.

11

제로센

태평양전쟁 기간 동안 일본의 성공과 실패를 함께한 일본 최고의 전투기. 일본 역사상 가장 많이 생산된 전투기(1만 939대). 그들 스스로 '동양의 신비'라고 추켜세우며 자랑하는 전투기. 현재까지 일본 군국주의의 상징으로 여겨지는 전투기. 바로 제로센零戰이다.

태평양전쟁을 일본의 입장에서 한마디로 정의하라면 바로 '제로센의 화려한 등장과 몰락'이 될 것이다. 제로센은 제국주의 일본의 영광과 몰락을 보여주는 표상이다.

미스터리

'일본'이라는 색안경을 빼고 객관적 시선으로 제로센을 봤을 때 드는 첫 느낌은 '미스터리'다. 항공기는 한 나라의 기초과학, 공학, 공업 기술, 산업 역량을 모두 투입해야지만 만들어낼 수 있는 기술의 집약체이다. 다시 말해 항공 산업은 그 나라의 공업 역량을 가늠할 수 있는 바로미터라 할 수 있다. 그렇다면 전투기 개발은 어떨까? 한 나라의 모든 과학기술이 집약된 과학기술의 결정체이자 산업 역량의 총집결체이다.

그런 의미에서 보자면, 1930년대 후반에 등장한 일본의 제로센은 미스터리다. 당시 일본의 전반적인 공업 기술 수준을 감안한다면 이런 괴물의 등장은 설명하기 어렵다. 제로센을 제외한 다른 무기 체계를 보면 이해가 빠를 것이다. 일본군 보병이 들고 다니는 소화기류부터 시작해 각종 군용 차량, 탱크와 같은 장갑 차량은 당대의 미국, 유럽에 비해 한 세대 이상이나 뒤떨어진 수준이었다.

단적인 예로 미국의 주력 전차인 M4 셔먼 전차는 유럽 전선에서 독일 전차의 성능에 밀렸지만(독일의 6호 전차 티거 같은 중전차에는 확실히 압살당했고, 5호 전차 판터와 상대해도 열세였다. 그러나 나머지 독일 전차와는 상대할 만했다) 태평양 전선에서는 무적의 중전차로 군림했다. 당시 일본 육군의 주력 전차였던 97식 치하 전차는 '소총탄으로 97식 전차의 장갑을 뚫을 수 있을까?'가 논란이 될 정도로 약했다. (당시 미국의 주력 소총이었던 M1 개런드에 철갑탄을 장전한 다음 50미터 정도의 사거리에서 치하 전차의 후방을 쏘면 관통할 수도 있다는 결론이 나왔다. 물론 특정 조건에서만 가능한 실험적 성격의 이야기지만, 소총탄에도 장갑이 뚫릴 수 있다는 가능성이 제기될 만큼 그 성능이 낮았다는 사실은 인정해야 할 것이다.)

그나마 일본이 내세울 수 있는 것은 세계 3위의 해군력이라

일본의 주력 전차였던 97식 치하 전차

자랑하던 그들의 함대와 이를 생산할 수 있는 건조 기술이었으나 이 군함에 달려 있는 화포의 수준이 미국과 유럽의 전함에 달려 있는 화포에 비해 그 수준이 떨어졌다는 것은 주지의 사실이다. 이런 일본이 난데없이 들고 나온 것이 영식함상전투기零式艦上戰鬪機, 제로센이었다.

제로센의 탄생

——

1937년 5월 일본 해군은 차기 함상전투기 개발을 나카지마사와 미쓰비시사에 각각 의뢰했다. 중일전쟁으로 항공모함의 전략적 가치와 함상전투기의 위력을 확인한 일본이 당시 주력 전투기였던 A5M의 후계기를 주문했던 것이다. 그리고 5개월이 지난 1937년 10월 일본 해군은 이 차기 전투기 개발에 대한 요구 조건을 두 회사에 보냈다. 당시의 요구 조건을 간추려 보면 다음과 같다.

① 원거리 진출: 신형 전투기는 공격대의 호위뿐 아니라 적의 본거지까지 진출하여 항공 격멸전을 수행할 수 있어야

한다.

② 요격 능력: 침입해오는 적의 공격기를 요격하여 격멸할 수 있어야 한다.

③ 최고 속도: 고도 4000미터에서 시속 500킬로미터 이상으로, 현재 세계 각국 전투기 가운데 최고 수준이어야 한다.

④ 항속력: 고도 3000미터에서 공칭 마력으로 1.2~1.5시간, 보조 탱크를 장착할 경우 1.5~2.5시간, 순항 속도로는 6시간 이상이어야 한다.

⑤ 병기: 20밀리미터 기관포 2문, 7.7밀리미터 기관총 2정을 장비할 것. 또한 두 개의 30킬로그램 또는 60킬로그램 폭탄을 장착할 수 있어야 한다.

⑥ 기타: 공중전 성능은 96식 함상전투기와 동등해야 하며, 상승력은 3000미터까지 3분 30초 이내여야 한다.

이는 당시의 일본 공업 수준, 세계 각국의 항공 기술을 고려해볼 때 무리를 넘어서 '기적'과도 같은 요구였다. 이해를 돕기 위해 제2차 세계 대전 당시 활약했던 각국 주력 전투기와 비교해보겠다.

당시 영국을 구해낸 스핏파이어 Mk. V는 최대 항속 거리

일본의 주력 전투기 제로센

760킬로미터, 최대 상승 고도 1만 1132미터, 6000미터 상승까지 소요 시간은 7분 10초였다. 같은 시기 독일의 주력 전투기였던 메사슈미트 Bf-109G-6형은 항속 거리 1000킬로미터에 최대 상승 고도 1만 1750미터, 6000미터 상승까지 소요 시간은 6분이었다. 그렇다면 제로센은? 최대 항속 거리 1922킬로미터, 최대 상승 고도 1만 1740미터, 6000미터 상승까지 소요 시간은 7분이었다. 무장 수준도 엇비슷했는데, 스핏파이어 Mk. V는 20밀리미터 히스파노 기관총 2문과 7.7밀리미터 기관총 4정을 장착했고, 메사슈미트 Bf-109G-6형은 라인메탈 MG 131의 13밀리미터 기관총 2정과 20밀리미터 기관포 1문

을 장착했다. 제로센도 이 전투기들에 밀리지 않는 무장을 장
착했는데, 52형의 경우 13.2밀리미터 3식 기관총 1정, 7.7밀
리미터 기관총 1정, 20밀리미터 99식 기관포 2문이 장착돼 있
었다. 거의 대등하거나 그 이상의 능력을 보여주는 것처럼 보
인다. 항속 거리에 있어서는 독보적이라 할 수 있는 실력을 보
여줬고, 여기에 나와 있지 않은 기동성은 제로센의 주특기였
다. 특히 짧은 선회 반경을 바탕으로 적기의 꼬리를 무는 전법
에서는 발군이었다.

　놀라운 사실은 이 화려한 퍼포먼스를 보여줬던 제로센의
엔진이 스핏파이어 Mk. V나 메사슈미트 Bf-109G-6형보다

영국의 주력 전투기 스핏파이어 Mk.V

독일의 주력 전투기 메사슈미트 Bf-109G-6형

한 수 아래였다는 것이다. 스핏파이어 Mk. V는 롤스로이스 마린-45 수냉식 V형 12기통 엔진을 사용했는데, 이 엔진은 1470마력의 출력을 자랑했다. 메사슈미트 Bf-109G-6형도 다임러벤츠의 DB 605A 수냉식 V형 12기통 엔진을 장착했는데, 이 엔진 역시 1475마력의 출력을 보였다. 그렇다면 일본의 제로센은? 제로센 52형의 엔진은 나카지마 사카에-21 공랭식 성형 14기통 엔진이었는데, 이 엔진의 출력은 겨우 1130마력이었다. 1000마력대 엔진을 가지고 1500마력대 엔진을 가진 전투기들과 대등한 혹은 그 이상의 실력을 보여줬던 것이다. 당시 제로센과 교전한 미군 조종사들은 "일본이 기어코 2000마력급 엔진을 개발했다"라며 일본의 기술력에 혀를 내둘렀다. 그러나 제로센은 1000마력급 엔진을 달고 있었을 뿐이다. 그럼에도 불구하고 그 정도의 실력을 보여준 비결을 어디에서 찾아야 할까?

다이어트, 다이어트, 다이어트!

—

일본 해군의 요구 사항을 접한 나카지마사와 미쓰비시사의 설계기사들은 요구 사항의 수준을 낮춰줄 것을 해군 측에 요청했다. 그러나 일본 해군은 일언지하에 거절했다. 당시 일본 공업 기술력으로서는 불가능해 보이는 도전이었다. 찬찬히 해군 측의 요구 사항을 뜯어보면 쉽게 그 이유를 확인할 수 있다.

첫째, 속도와 상승력을 증가시키기 위해서는 강력한 엔진이 필요하다. 강력한 엔진은 필연적으로 크기가 커질 수밖에 없다. 더 큰 문제는 당시 일본의 공업 기술력으로는 1000마력급의 엔진이 한계였다는 점이다.

둘째, 항속력을 비약적으로 늘리기 위해서는 연료 탱크를 키워 탑재 연료량을 키워야 한다. 여기에 더해 20밀리미터 기관포까지 장착한다는 것은 기체의 크기가 필연적으로 커

진다는 의미다.

　셋째, 이렇게 대형화가 불가피한 상황에서도 96식 함상전투기와 동등한 기동성을 유지한다는 것은 거의 불가능에 가깝다.

　첫째와 둘째 조건만 있었더라면 어렵더라도 어찌어찌 기체를 만들어낼 수 있었을 것이다. 그런데 셋째 조건이 문제였다. 필연적으로 크기가 커질 수밖에 없는 요구 조건에 기동성까지 더한 것이다. 일본의 당시 공업 기술력으로는 불가능에 가까운 요구 조건이었다. 먼저 손을 든 것은 나카지마사였다. "해군의 요구 조건을 충족하는 전투기를 설계할 만한 역량이 우리에게는 없다." 그들이 보기에 해군의 요구 조건을 충족하는 전투기를 개발하는 것은 기적에 가까운 일이었다. 그러나 미쓰비시사의 생각은 달랐다. 그들에게는 호리코시 지로堀越二郎라는 천재 전투기 설계자가 있었다.

　미야자키 하야오 감독의 은퇴작인 《바람이 분다》의 주인공인 호리코시 지로. 만약 그가 없었다면 일본은 태평양전쟁을 결심하는 데 더 많은 고민을 했을지도 모른다. 스물네 살에 도쿄대 공학부 항공학과를 수석으로 졸업한 그는 곧바로 미쓰

호리코시 지로

비시에 입사해 96식 함상전투기 설계에 뛰어들었다. 여기서 그의 재능을 확인한 미쓰비시는 그에게 전폭적인 지원을 했고, 약관의 나이가 가진 기발함과 참신함은 구시단좌전투기九試單座戰鬪機에 역갈매기 날개Inrted Gull Wing를 채용하는 것으로 발현됐다. 이후 제로센을 비롯해 라이덴雷電, 렛푸우烈風 등의 명기를 개발해내며 호리코시 지로는 자신의 천재성을 재차 확인시켜주었다.

그런 그가 자신의 이름을 전 세계에 떨친 것이 바로 영식함상전투기 제로센이었다. 미쓰비시는 30대 중반의 호리코시 지로를 제로센의 설계주임으로 발탁했다. 그의 생각은 간단했는데 '강력한 엔진에 극도로 경량화된 기체를 만든다', 즉

다이어트였다. 당시 제로센의 설계 작업에서 제일의 우선순위로 삼았던 것이 중량 관리였다. "총중량의 10만 분의 1까지 중량을 철저히 관리한다." 이런 설계진의 중량 관리에 힘을 보탠 것이 스미토모住友(오늘날의 신일본제철)였다. 여기서 개발한 초초超超 두랄루민이 있었기에 기체 강도는 유지하면서 경량화를 이룰 수 있었다.

문제는 엔진이었다. 강력한 엔진에 극도로 경량화된 기체를 설계한다는 기본 방침에 걸맞은 '강력한 엔진'이 당시 일본에는 없었다. 애초에 예상했던 엔진은 킨세이金星 엔진이었다. 1000마력급의 이 엔진은 그나마 신형 전투기의 출력 요구 조건을 맞출 수 있을 것 같았으나 문제는 크기였다. 엔진이 기체의 크기를 크게 만들 수 있다는 판단 때문에 킨세이는 포기해야 했다. 그 대안으로 찾은 것이 780마력급의 즈이세이瑞星 엔진이었다. 출력은 부족하지만 다이어트가 우선이었다.

1939년 3월 16일 신형 함상전투기인 12시試 함상전투기 시제 1호기가 완성되었다. 설계에서 시제기 제작까지 불과 1년 반이 걸린 것이었다. 사카에 엔진보다 저출력인 즈이세이 엔진으로 시세기인 12시 함상전투기가 최고 속도 491킬로미터, 5000미터 상승까지 소요 시간 7분 15초를 찍었다는 것은 설계의 승리라고밖에 달리 표현할 말이 없다. 게다가 운동 성능은 96식 함상전투기와 별반 차이가 없었다. 호리코시 지로의 '다이어트'가 성공한 것이다. 물론 소소한 문제가 있긴 했지만, 시제기의 존재 목적 자체가 시험과 평가가 아닌가? 이후 개량과 보완을 통해 충분히 극복 가능한 것이었다.

이렇게 시제 1호기가 날아오르던 그때 나카지마사의 발동기 부문에서 희소식이 들려왔다. 훗날 걸작이라 불리게 되는 사카에 12형 엔진이 실용화에 성공한 것이다. 1000마력급의 걸작 엔진이 나온 것이다. 이 엔진은 즉시 12시 함상전투기에 장착됐고, 사카에 엔진을 장착한 시제 3호기는 최고 속도 533킬로미터, 항속력 7시간, 6000미터 상승까지 소요 시간 7분 27초를 기록하고 운동 성능도 기존의 퍼포먼스를 그대로 보여줬다. 대성공이었다.

같은 시기 유럽에서 맹활약하던 독일의 메사슈미트 Bf-109, 영국의 스핏파이어에 필적할 만한(항속력과 기동성은 더 뛰어났다) 엄청난 전투기가 탄생한 것이다. 성공의 원인은 역시나 '다이어트'에서 찾을 수 있었다. Bf-109의 전비 중량은 3155킬로그램, 스핏파이어는 3400킬로그램에 육박했는데, 제로센 52형의 전비 중량은 2743킬로그램이었다. 3톤이 채 안

됐던 것이다. 미국이 일본을 상대하기 위해 새로이 등장시킨 F4U 콜세어의 전비 중량이 5626킬로그램, P-51 머스탱의 전비 중량이 5262킬로그램에 달하니 밴텀급과 헤비급 정도의 체급 차이라 할 수 있겠다.

다이어트의 부작용

"1942년 우리 전투기 중에 조종석에 방탄 장갑을 장착한 비행기는 하나도 없었고, 특히 제로센에는 미국 전투기에 흔히 달려 있는 자동 봉합식self sealing 연료 탱크가 없었다. 적 조종사들은 얼마 안 가 50구경 기관총탄 연사를 제로센의 연료 탱크에 가하면 제로센을 밝게 타오르는 불덩어리로 만들 수 있다는 사실을 알게 되었다."

— 사카이 사부로 《대공의 사무라이》

제2차 세계 대전 당시 제로센을 몰고 미군과 전투를 벌인 사카이 사부로의 증언이다. 공인된 격추 기록만 28기나 되는 일본 해군의 에이스였기에(일본군 내에서 격추 기록 5위에 해당)

그의 증언의 신빙성에 대해서는 재론의 여지가 없을 것이다.

사카이 사부로는 언론과의 인터뷰에서 조국을 위해 제로센을 타겠느냐는 질문에 "제로센을요? 사양하겠습니다"란 말을 남겨 화제를 낳았다. 태평양전쟁 기간 동안 제로센을 타고 활약했던 일본 해군의 에이스가 제로센을 사양했다는 것은 무슨 의미일까? 제로센이 '동양의 신비'로 불릴 만큼 대단한 전투기는 아니었다는 의미일까? 분명히 말하지만 제로센의 기동성(선회 능력)은 특기할 만한 성능이었고, 그 장대한 항속력은 동시대 많은 군사 전문가들의 뒤통수를 칠 정도로 당시의 상식을 벗어난 스펙이었다.

그러나 이는 사카이 사부로의 증언처럼 방탄 장갑이나 자동 방루 장치(연료 탱크에 구멍이 났을 경우 이를 자동으로 막아주는 장

사카이 사부로

치) 같은 전투기로서 가져야 할 최소한의 기준을 포기하며 얻은 결과였다. 여기서 우리가 주목해야 할 것이 두 가지 있는데, 바로 제로센의 설계 사상과 인간에 대한 일본의 철학이다. 하나씩 설명해보겠다.

제로센의 설계 사상
—

제로센은 동시대 다른 전투기들에 비해 과도한 '기동성'을 요구받았다. 이 기동성을 한마디로 정리하자면 '꼬리잡기'다. 전투기 대 전투기, 일대일 공중전에서 최고의 위치는 데드 식스 Dead Six라 불리는 6시 방향, 즉 바로 뒤쪽이다. 이 뒤를 물기 위해 전투기들은 공중제비를 돌고, 뒤를 지켜내기 위해 곡예비행을 한다. 이런 전투 방식이 확립된 것은 제1차 세계 대전 때였다. 구식 복엽기, 나무와 캔버스로 만들어진 고색창연한 이 전투기들은 고작 시속 100킬로미터의 최고 속도로 공중전을 벌였다. 기록 영화나 할리우드에서 만든 이 시대 영화들을 보면 날개가 두 개(복엽기), 경우에 따라 세 개(삼엽기)인 전투기들이 나온다. 고만고만한 엔진에 무장이라곤 고작해야 한두

정의 기관총뿐이며(심지어 권총도 등장한다) 조종석은 완전 개방형에 G-수트 같은 비행복이나 산소마스크는 등장하지도 않는다. 말 그대로 조종사의 실력만 믿고 싸우는 일대일 결투 같은 공중전이 전부였다(덕분에 기사도와 같은 낭만이 전투기 조종사들에게 퍼져 있었다. 머플러를 하고 날아오른다거나 격추된 적군은 쏘지 않는다거나 하는).

이렇다 보니 당시 전투기 설계 사상은 '항력 대신 양력'으로 고착화되었다. 여기서 말하는 항력drag이란 물체가 유체 내를 움직일 때 이 움직임에 저항하는 힘을 의미한다. 즉, '저항'이다. 그렇다면, 양력lift이란? 양력은 물체의 주위에 유체가 흐

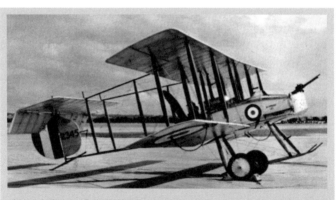

제1차 세계 대전 때 사용된 영국의 복좌식 군사 복엽기 빅커스 F.B.5. 공대공 전투용으로 만들어 운용한 세계 최초 전투항공기다.

를 때 물체의 표면에서 유체의 흐름에 대해 수직 방향으로 발생하는 힘을 의미한다. 쉽게 공기를 가르면서 떠오르는 '부력'이라고 생각하면 된다. 비행기는 이 양력이 존재하기에 날아오를 수 있는 것이다. 제1차 세계 대전 당시에는 저항으로 인해 속력을 조금 손해 보더라도 양력을 최대한 얻으면 전투에 유리하다는 판단을 내렸고(실제로 공중전이 그러했으므로) 너나 할 것 없이 날개를 하나 더, 또 하나 더 달려고 노력했다. 물론 구조 기술이 아직 덜 발달해 날개 한 장만으로는 날개에 걸리는 힘을 버틸 수 없었기 때문에 나온 고육지책이라 할 수도 있을 것이다.

어쨌든 제1차 세계 대전은 전투기의 공중전에서 가장 중요한 것은 '더 빨리 더 안정적으로 공중제비를 돌 수 있는 능력'이라는 결론을 낳았다. 이 때문에 전투기에서 가장 중요한 덕목은 소위 '기동성'이라 하는 '선회 성능'으로 귀결되었다. 제로센은 이 생각을 설계에 가장 충실히 반영한 전투기였다. 아니, 설계자의 생각이 아니라 의뢰자인 일본 해군의 생각이라 할 수 있을 것이다.

문제는 제2차 세계 대전이 되면서 공중전에 대한 생각도 많이 바뀌었다는 것이다. 제1차 세계 대전의 복엽기가 잘해봐야 시속 100킬로미터 내외의 속도로 공중전을 벌였다면, 제2차 세계 대전에서는 수평 비행 속도만 시속 500킬로미터를 넘어섰고, 급강하를 할 경우 평균 시속 700킬로미터였다. 그리고 제2차 세계 대전 후반에는 제트 전투기가 등장할 정도로 급변했다. 상황이 이렇게 돌아가자 선진국들은 선회 능력을 우선으로 하는 기동전 대신 빠른 속도를 이용해 적에게 빠르게 접근하여 기관총탄을 먹인 뒤 재빨리 도망쳐 다음 공격 기회를 노리는 일격이탈 전법을 사용하게 되었다. 이른바 '에너지 파이팅'이다. 즉, 위치와 속력을 활용해 높은 고도에서 높은 속력으로 하강하여 적기에게 한 방 먹인 뒤 그 가속도를 활용해 다시 높은 고도를 확보해 다시 한 번 공격 기회를 만드는 전법이다.

구조 기술의 발달, 항공 역학의 발달, 공업 기술의 발달로 이제 전투기들은 가혹한 환경에서도 버틸 수 있는 기체 강도와 높은 속도를 얻을 수 있게 됐고, 그 결과 이런 전술이 발전하게 된 것이다. 이는 유럽, 구체적으로 말하자면 당시 독일의 루프트바페Luftwaffe(독일 공군)가 스페인 내전을 통해 체득한 로테Rotte(2대의 전대) 전술에서 그 토대가 마련됐고, 이후 태평양 전쟁 기간 동안 미국이 제로센을 상대할 때 잘 써먹은 붐앤줌

Boom & Zoom(일격이탈) 전술로 완성됐다.

일본 해군이 제로센으로 대표되는 '선회 전투'에 특화된 기체를 가지고 미국에 싸움을 걸었는데, 미국은 제로센의 약점을 확인하고는 에너지 파이팅을 적극적으로 활용했을 뿐 아니라 이후 에너지 파이팅에 특화된 전투기를 생산해 전선에 투입했다. 그 결과는 참혹했다. 미국은 고출력 엔진을 달고 비행기 전체에 장갑을 바른 뒤에 전투기 날개에 6~8정의 중기관총을 달아 하늘로 날려 보냈다. F4U 콜세어는 2100마력(최대 출력 2800마력)의 괴물 엔진을 달았는데, 항속 거리는 무려

F4U 콜세어

1617킬로미터에 달했고, 급강하 시에는 시속 890킬로미터란 괴물 같은 속도를 자랑했다. 게다가 조종사의 생명을 보호하기 위해 동체 상부는 물론, 조종석의 패널이나 시트의 등받이, 깔개 등에도 방탄판을 넉넉하게 둘러쳤다. 제로센과의 일대일 전투에서 절대 밀리지 않을 스펙이었다.

고출력 엔진으로 높은 고도를 먼저 잡고, 그 고도를 활용해 적기에 내리꽂으며 엄청난 화력을 쏟아붓고 일격이탈 하는 미국 전투기 앞에서 제로센의 선회 기동은 힘을 쓸 수 없었다. 제로센도 이런 에너지 파이팅 전술을 활용하면 되지 않았을까 하고 생각해볼 수도 있겠지만, 제로센에는 전술 외적인 한계가 존재했다. 바로 태생 자체의 문제였다. 제로센은 총중량의 10만 분의 1까지 중량을 관리하다 보니 극도로 경량화됐다. 그 결과 기체 강도의 한계까지 깎아내 급강하 시에 기체가 받는 압력에 취약했다. 즉, 속도를 받쳐줄 만한 기체 강도를 보장할 수 없다는 소리다.

더 큰 문제는 조종사의 수준이다. 진주만 기습과 미드웨이 해전까지만 해도 일본 해군 파일럿은 세계 최고 수준이었다. 당시 미군은 "일본인 파일럿은 눈이 옆으로 찢어져서 비행 실력이 떨어진다"라는 황당한 주장으로 일본인 파일럿을 폄하

했지만 중일전쟁을 통해 단련된 일본군 파일럿은 당대 최강 수준이었다. 선회 비행을 통한 공중전은 조종사의 숙련도가 기본이 돼야 한다. 일격이탈 전술은 한번 공격에 실패하더라도 도망을 가든지 다시 고도를 올려 공격을 시도하는 것이 쉽다. 그러나 선회전 공격에서 한번 적을 놓치거나 에너지를 잃으면, 이를 회복하기 위해 직선 비행이나 직선 상승과 같은 위험한 기동을 해야 했다. 만약 에너지를 다시 얻기 위한 기동 도중에 적기가 공격해온다면 어떻게 해야 할까? 경험이 많은 조종사라면 충분히 극복하겠지만, 미드웨이 해전 이후 일본 해군의 숙련된 파일럿은 대부분 사망했기에 제대로 된 전투를 생각하기 어려웠다. 설계 사상의 문제가 전쟁의 승패까지 결정지은 것이다.

인간에 대한 일본인의 철학

"당시 우리 조종사들 중 누구도 낙하산을 소지한 채 비행하지 않았다. 서양 사람들은 그것을 두고 우리 지도자들이 일본 군인의 생명을 무시하고 있으며 전투기 조종사를 인간이하의 가치를 가진 소모품으로 여기고 있는 증거라고 오해하기도 했다. … 낙하산은 모든 사람에게 다 지급되었다. 그러나 비행 시 그것을 착용하지 않은 것은 조종사 개인의 선택이지 고위 사령부에서 지시한 것은 아니었다. 실제로 우리는 전투 시 낙하산을 착용하도록 권고받았다. … 적 전투기와 싸운 우리 전투 대부분은 적의 기지 상공에서 벌어진 것이었다. 그런 전투에서 비상 탈출을 한다는 것은 적에게 포로로 잡힌다는 것을 의미했는데, 일본군의 전통이나 전통적인 무사도 정신 어디를 봐도 '포로'라는 불명예스러운 말은 찾아볼 수가 없었다. 포로란 우리 사전에 존재하지 않았다. … 용기 있는 전투기 조종사라면 절대로 적에게 포로로 잡히지 않는다."

– 사카이 사부로 《대공의 사무라이》

태평양전쟁 당시 실전을 겪은 에이스 파일럿의 입에서 나온 말이다. 현대전에서 가장 중요한 인적 자원으로 분류되는 것이 전투기 조종사다. 전투기 조종사 한 명을 양성하는 데 엄청난 시간과 돈이 투입된다(대한민국 공군 소령급 파일럿 한 명을 양성하는 데 들어가는 비용은 123억 원가량이다). 이 때문에 각국은 파일럿 구조를 전담하는 특수부대를 운용하는 경우가 많고(한국도 마찬가지다) 주기적으로 파일럿의 생존·탈출 훈련을 실시하고 있다.

그런데 이 귀한 인적 자원을 일본은 낭비하고 있었다. 태평양전쟁 직전 일본은 충분한 숫자의 조종사를 확보하고 있었고, 지속적으로 이를 양성했다. 중일전쟁이 발발한 1937년 기준으로 매년 해군에서 2000명, 육군에서 850명의 조종사를 양성해냈다. 그 교육 수준도 대단했는데, 사카이 사부로가 졸업한 츠치우라 해군 항공대의 경우에는 사카이 사부로가 입학할 당시 1500여 명이 지원해 최종 합격한 사람이 70명밖에 되지 않았으며, 이후 10개월간의 훈련 기간 동안 45명이 탈락하고 비로소 조종사가 된 사람은 25명에 불과했다. 이들은 기본적으로 100시간의 비행 훈련을 받았는데, 미국의 240시간에 비해서는 짧은 듯 보이지만 이들은 중일전쟁을 통해 단련되어 태평양전쟁 발발 시 일본 해군은 평균 650시간, 육군은 500시간의 비행시간을 경험한 우수한 파일럿 3500명을 보유할 수 있었다.

태평양전쟁 초창기 제로센과 결합한 이 우수한 조종사들은 천하무적이었다. 그러나 시간이 흐르면서 제로센의 약점이

진주만 공습을 위해 항공모함 쇼카쿠에서 준비 중인 제로센(1941년 12월 7일)

드러났고, 이에 더해 파일럿들의 질도 떨어지게 되었다. 전투는 그 규모가 어찌 됐든 필연적으로 병사의 소모를 가져온다. 아무리 대승을 거뒀다 해도 전쟁이 길어지면 필연적으로 병력은 소모될 수밖에 없다. 엄청난 대승이라 말하는 진주만 기습에서도 일본은 29대의 항공기를 잃었고, 55명의 조종사를 잃었다. 일본도 이런 점을 알고 있었기에 전투기 조종사 양성을 위해 조종사 양성 코스를 대대적으로 손보았다.

일본의 조종사 양성 과정은 총 4단계로 구성되는데, 초등 비행 훈련 30시간, 중등 비행 훈련 40시간, 고등 비행 훈련 30시간을 마친 다음 실전 부대에 배치되었다. 만약 항공모함과 같이 함상에서 운용되는 비행기를 몰아야 할 경우에는 실전 부대에서 50시간의 훈련을 더 받았다. 그런데 이 과정이 축소되기 시작했다. 진주만 공습이 있기 1년 전인 1940년 12월 일본은 초·중등 비행 과정을 합친 후 여기서 10시간을 뺐다. 한마디로 70시간의 비행 훈련 시간을 10시간 줄여 60시간으로 개편했던 것이다. 이후 비행 훈련 시간은 계속 줄어들었고, 실전 기체로 훈련받던 고등 훈련 비행 과정은 1943년 사라져버렸다. 그러나 (당연한 이야기지만) 고등 훈련 비행 과정을 빼는 것은 무리였다고 판단했는지 1944년 봄 다시 부활시켰다. 그렇지만 이미 전황이 기운 대전 막바지에는 평균 30시간의 비행 훈련을 끝으로 실전 부대에 배치하는 경우가 많았고, 1945년에는 가미카제 비행사를 양성하기 위해 일주일 속성반이 나오는 지경에까지 이르게 되었다. 미드웨이 해전 이후 일본 전투기 조종사들의 숙련도는 계속 떨어졌고, 종국에 가서는 한 줌 남은 숙련 조종사들을 자살 특공대에 밀어 넣는 멍청한 짓을 반복했다.

조종사뿐만이 아니었다. 더 큰 문제는 전투기의 생산과 정비였다. 전세가 기울기 시작하자 일본 군부는 군수 공장에서 일하던 숙련공들을 징집해 전투병으로 활용하기 시작했다. 이는 필연적으로 전투기의 기체 결함으로 이어질 수밖에 없었다. 일선의 항공기 정비병들도 마찬가지였다. 정비병, 특히 항공기 정비병들은 조종사에 버금가는 고급 인력이다. 그러나 일본 군부는 이에 대한 인식이 거의 없다시피 했다. 미군의 진격으로 기지를 버릴 때 정비병을 버리고 가거나, 전투가 격화됐다고 정비병에게 총을 들려 전선에 내보내는 경우가 비일비재했다.

이렇다 보니 일본식 표현으로 "고양이 손이라도 빌릴" 지경에 이르게 됐고, 한쪽 눈이 실명돼 전선에서 물러난 사카이 사부로 같은 파일럿들도 다시 일선에 나서게 됐다. 미국의 경우는 일정 수준 이상 출격한 파일럿들은 후방으로 돌려 교관으로 활동하게 했다(혹은 전시 국채 판매를 위한 홍보 행사에 동원했다). 이들은 실전에서 겪은 자신들의 노하우를 후배들에게 전수해 더 강한 파일럿을 양성했다. 선순환이다. 그러나 일본은(독일도 마찬가지였다) 당장 눈앞의 적을 막아내기 급급해서 베테랑들을 전선에 계속 투입했고, 그 결과 숙련된 전투기 조종사들이 더 줄어드는 악순환이 반복됐다. 일본은 질 수밖에 없었다.

일본만으로는 제로센을 완성할 수 없었다
—

태평양전쟁 당시 일본과 미국의 국력과 기술력 차이를 단적으로 보여주는 것이 바로 제로센과 미국 전투기의 도색이다. 태평양전쟁 당시 제로센의 사진을 보면 (일본이 자랑하는 '청죽색'으로 도장된 갓 출고된 전투기가 아니라) 도장이 벗겨져 군데군데 하얀 얼룩이 진 듯한 점박이 같은 모습을 볼 수 있다. 특히 날개와 본체의 접합면 부위에 이런 모습이 자주 보인다. 반면 미군 전투기들은 매끈하고 예쁘게 도장돼 있거나 아예 은빛으로 번쩍이는 모습을 확인할 수 있다. 기술력의 차이다.

  '동양의 신비'라 자랑했지만 그 동양의 신비는 미국의 도움 없이는 만들 수 없었다. 당장 제로센의 프로펠러는 미국 해밀턴사의 라이선스였다. 즉, 태평양전쟁 기간 동안 일본은 미국 프로펠러를 불법 복제해서 사용한 것이다(전쟁이 끝난 후 일본 정부는 해밀턴사에 라이선스비를 지급하겠다고 했고, 해밀턴사는 자신들이 적국의 무기 개발에 도움을 줬다는 부정적인 평가를 받을까 봐 1달러만

청구해 받았다).

가장 큰 문제는 무전기였다. 당시 일본의 기술력으로는 제로센에 장착할 만큼 쓸 만한 무전기를 개발할 수 없었고, 결국 미국제를 장착할 수밖에 없었다. 문제는 제2차 세계 대전 당시 무전기가 공중전의 승패를 좌우할 만큼 중요한 존재로 대두됐다는 점이다. 제1차 세계 대전 때까지만 하더라도 중세 기사들의 일대일 전투처럼 공중전이 진행됐지만, 제2차 세계 대전에는 그 판도가 뒤바뀌었다. 앞에서 잠깐 언급했듯이 독일군은 로테(2대의 전대)를 짰고, 이 로테 두 개가 슈밤Schwarm

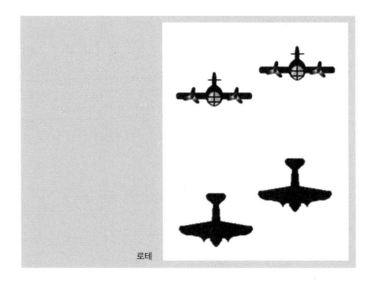

로테

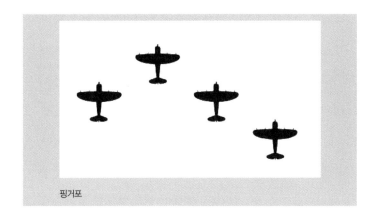

핑거포

이라는 편대를 짜 전투에 임했다. 4기 편대는 서로 약간씩 다른 고도에서 함께 날아다니는데, 이렇게 되면 적기가 어떤 방향에서 나타나 공격해도 대응할 수 있다. 독일군은 스페인 내전에서부터 이 편대 전술을 갈고 닦아 자신들의 장기로 삼았고, 영국군은 독일군의 로테-슈밤 개념을 받아들여 핑거포 Finger Four(손가락 네 개를 쫙 편 대형)라는 편대 개념을 개발했다. 미국군은 영국군의 핑거포 대형을 받아들여 태평양전쟁이 한창 격화될 무렵 타치 위브Thach Weave 전술을 개발했다. 이 전술의 핵심은 두 대로 구성된 편대 중 한 대가 미끼가 되어 일본군 전투기를 유인하면 다른 한 대가 적기의 사각 지역에서 공격하는 것이다.

이렇듯 제2차 세계 대전의 공중전은 편대가 기본이 된 집단 전투로 발전했다. 그리고 이런 편대 전투의 핵심은 전투기 간의 유기적인 통신이었다. 그러나 일본은 그런 무선 기술에서 뒤떨어졌고, 미국에서 수입한 무전 장비가 수명이 다하자 이런 유기적인 통신이 어려워졌다. 그 결과 일본 전투기들은 제1차 세계 대전의 공중전에서처럼 파일럿들이 개별 전투 행동을 해야 하는 경우가 많았다. 베테랑 파일럿들은 제로센에 장착된 무전기를 철거하기도 했다. 어차피 통신이 어렵다면 무전기를 떼어내 무게라도 줄이는 편이 낫다는 것이었다. 이것이 당시 일본의 현실이었다.

제로센이 보여준 것들

—

제로센을 바라보는 일본인들의 감정은 특별하다. 일본 군국주의의 상징이란 말은 빈말이 아니다. 제로센은 그 이름 '영식 함상전투기'부터가 군국주의를 대변한다. 제로Zero란 이름이 붙은 것은 이 기체가 정식으로 생산된 1940년이 일본 황기로 2600년이 되는 해였기 때문이다. 그 이름부터가 일본의 군국

가미카제 공격을 준비하는 제로센

주의, 제국주의를 내포한 이름이었던 것이다. 그리고 제로센은 그 이름답게 태평양을 피로 물들였다.

하지만 이제껏 설명했듯 제로센은 '동양의 신비'가 아니었다. 오히려 일본의 실수와 한계, 오판을 증명하는 전투기였다. 뒤떨어진 공중전 전술을 기반으로 한 잘못된 설계 사상으로 개발됐고, 연합국보다 뒤처진 기술력으로 쥐어짜낼 수 있는 한계까지 전투기를 '깎아' 냈으며, 인명 경시 사상으로 최소한의 안전장치조차 포기해 유일한 희망이었던 숙련된 조종사를 너무도 쉽게 버렸고, 생산력의 한계로 이조차도 충분히 생산해낼 수 없었으며, 전쟁이 끝나는 그 순간까지 기술력, 생산력, 인적 자원의 투입에서 미국에 밀렸다. 그리고 전쟁 지도부의 오판으로(혹은 광기로) 100퍼센트 사망을 전제로 한 자살 특공 공격을 벌여 한 줌 남은 공군력을 다 털어 넣었다.

일본이 태평양전쟁 기간 동안 보여준 영광과 실패를 고스란히 대변해주는 것이 바로 제로센이다. 일본은 이길 수 없는 전쟁을 시작한 것이 아니라 전쟁을 시작하기 전에 이미 패배했던 것이다.

• 참고 자료 •

• 이성환, 《전쟁 국가 일본》, 살림, 2005
• 육군사관학교 전사학과, 《세계전쟁사》, 황금알, 2004
• 이상태, 《조선역사 바로잡기》, 가람기획, 2000
• 이윤섭, 《다시 쓰는 한국 근대사》, 평단문화사, 2009
• 이윤섭, 《러일전쟁과 을사보호조약》, 이북스펌, 2012
• 위톈런, 《대본영의 참모들》, 나남, 2014
• 이노세 나오키, 《쇼와 16년 여름의 패전》, 추수밭, 2011
• 권성욱, 《중일전쟁 – 용, 사무라이를 꺾다 1928~1945》, 미지북스, 2015
• 김효순, 《나는 일본군, 인민군, 국군이었다》, 서해문집, 2009
• 정기종, 《석유전쟁》, 매일경제신문사, 2003
• 이창위, 《우리의 눈으로 본 일본제국 흥망사》, 궁리, 2005
• 남창훈·박재석, 《연합함대 – 그 출범에서 침몰까지》, 가람기획, 2005
• 박인규, 〈잘나가던 미국 장군의 고백 "전쟁은 사기다"〉, 《프레시안》 2015.2.27
• 희희낙락호호당(http://hohodang.com)
• 나무위키(https://namu.wiki)

223

괴물로 변해가는 일본

초판 1쇄 인쇄 | 2016년 11월 24일
초판 1쇄 발행 | 2016년 12월 1일

지은이 이성주
기획 파트너 딴지일보 편집부
책임편집 조성우
편집 손성실
마케팅 이동준
디자인 권월화
용지 월드페이퍼
제작 ㈜상지사P&B
펴낸곳 생각비행
등록일 2010년 3월 29일 | 등록번호 제2010-000092호
주소 서울시 마포구 월드컵북로 132, 402호
전화 02) 3141-0485
팩스 02) 3141-0486
이메일 ideas0419@hanmail.net
블로그 www.ideas0419.com